MYTHEN DER LIEBE

COLLECTION
ROLF HEYNE

MYTHEN DER LIEBE

Dr. Ruth K. Westheimer
mit Jerome E. Singerman

COLLECTION ROLF HEYNE

INHALT

Nur was man mit Freude lernt, lernt man gut.
Talmud

EINLEITUNG
Wenn zwei Freunde sich Geschichten erzählen

Dieses Buch, welches Sie hier in den Händen halten, ist ein Gemeinschaftswerk zweier guter Freunde, die sich vor einigen Jahren zum ersten Mal eingehend über klassische Mythologie unterhalten haben, als sie vor einem Gemälde von Lucas Cranach dem Älteren im Metropolitan Museum of Art in New York standen. Auf dem Bild sahen wir Folgendes: Im Vordergrund einer offensichtlich nordeuropäischen Landschaft mit Nadelbäumen und steinigem Gelände, einem Ort mit Kirchturm in der Ferne und einer Festung oder einem Kloster auf einer Felsenklippe sitzt unter einem Baum ein junger Mann. Er ist widersprüchlich gekleidet, trägt einerseits volle Rüstung, die jedoch ergänzt ist durch einen fein gearbeiteten roten Samtmantel. Auf seinem Kopf sitzt ein breitkrempiger Hut mit einem Besatz aus Federn oder Fell. Vor ihm stehen drei Frauen, die, abgesehen von dem schweren Goldschmuck, nackt sind. Die mittlere Frau trägt einen Hut, der dem des jungen Mannes Konkurrenz machen könnte. Eine graubärtige Gestalt drängt sich zwischen dem jungen Mann und den Damen nach vorne; der Mann trägt eine ungewöhnliche goldene Rüstung und ebenfalls eine prächtige Kopfbedeckung − diese hier scheint aus zwei Vögeln zu bestehen. Links oben im Bild schwebt in der Luft Amor, den Pfeil bereit zum Schuss.

7

Nun ist das Gemälde weit bekannt, aber selbst wenn wir es zum ersten Mal gesehen hätten, wäre die dargestellte Szene eindeutig zuzuordnen gewesen. Sicher, Zeit und Ort stimmen nicht mit der üblichen Referenz überein, und einige Schlüsseldetails fehlen. So ist der Mann mit dem geflügelten Helm zweifellos Hermes, aber warum ist er so alt? Und warum hält er eine Glaskugel, wenn er doch eigentlich einen goldenen Apfel darbieten sollte? Dennoch geht es hier ganz offensichtlich um Paris, der das Urteil über die Schönheit von Hera, Aphrodite und Athene sprechen soll, was letztlich den Trojanischen Krieg nach sich ziehen wird.

So standen wir also vor dem Bild, und einer von uns beiden fing an, sich darüber Gedanken zu machen, wie ausdauernd und anpassungsfähig sich die Geschichte vom Urteil des Paris und die Mythen im Allgemeinen zeigen. Und wie diese Geschichten der heidnischen Griechen und Römer über Götter und Menschen während der Reformation in Deutschland ebenso wie im New York des 21. Jahrhunderts ein solch fester Bestandteil unserer kulturellen Landschaft bleiben konnten. Die andere von uns beiden konzentrierte sich eher auf die Sinnlichkeit der Szene vor uns: Was könnte sich da möglicherweise zwischen Paris und den Göttinnen abspielen? Und sie stellte fest, wie überraschend es immer wieder ist, dass sich die antiken Mythen so oft als hilfreich erweisen können, wenn es darum geht, die Welt aus einer anderen Perspektive heraus zu betrachten.

Und so kam das Projekt ins Rollen: Wäre es nicht mal ein interessantes Projekt, so dachten wir, eine Reihe von Mythen zu untersuchen, dabei auszugehen von unseren individuellen und gemeinsamen Blickwinkeln, vielleicht sogar ein Buch zu schreiben auf der Grundlage der Diskussionen, die sich,

Ein ungewöhnlicher Schauplatz und absonderliche Kostüme – dennoch war uns auf Anhieb klar, wovon dieses Bild erzählt.

Lucas Cranach der Ältere: »Das Urteil des Paris«, 1528. Öl auf Lindenholz, 86,5 × 65 cm. Basel, Öffentliche Kunstsammlung

wie wir vorhersahen, daraus entwickeln würden? Aus naheliegenden Gründen kamen wir überein, uns insbesondere
auf solche Mythen zu konzentrieren, die irgendwie mit den
Spielarten der Liebe zu tun hatten – menschlich und gött-
lich, legitim und nicht legitim, erhebend oder erniedrigend,
glücklich vollendet oder tragisch vereitelt. Jeromes Aufgabe
sollte es sein, die Geschichten auszuwählen und das nötige
Hintergrundwissen zu ihren Überlieferungen in Literatur,
Religion und bildender Kunst zu liefern; Ruth im Gegenzug
würde die Geschichten in ihrer eigenen Art und Weise neu
erzählen und ihnen ihre heutigen Bedeutungen entlocken.
Wir sind beide gleichermaßen die Autoren dieses Buchs,
aber Sie werden die Stimme von Dr. Ruth hören, die Ihnen
diese Geschichten nahebringt.

Es war natürlich nicht so einfach, diese 25 Mythen auszuwählen, die Sie nun in der Hand halten, und es war auch
nicht leicht zu entscheiden, welche Erzählung davon jetzt
im eigentlichen Sinne ein Mythos war und welche nicht;
wir waren da in unseren Kriterien recht großzügig. Es sind
Geschichten, die sich größtenteils mit den Liebschaften der
Götter oder mit dem Einfluss der Götter auf die Angelegenheiten der Menschen befassen. Ein oder zwei Fälle, in denen
es eher um Liebe zwischen Menschen geht, bilden die Ausnahmen. Und während manche der Geschichten eindeutig
religiöse oder kultische Bedeutungen in sich tragen, sind in
anderen die Götter eher als symbolische Projektionen zu
verstehen oder vielleicht sogar als erzählerische Launen. Alle
Geschichten unserer Sammlungen stammen aus griechischen
oder römischen Quellen, einige davon wirken allerdings eher
wie individuelle Schöpfungen eines Autors, die nur in einem
einzigen literarischen Werk zu finden sind. Natürlich haben

andere tiefe und weitverzweigte Wurzeln im Mittelmeerraum der Antike; in diesen Fällen stößt man häufig auf beachtliche Unterschiede zwischen den einzelnen Versionen. Schon in der Antike könnten die Gesamtform und die besonderen Details einer jeden Sage ineinander übergegangen sein, und oft haben wir gemerkt, dass auch wir innerhalb unserer Neuerzählung Inhalte miteinander konkurrierender Erzählungen verknüpft haben, weil es sich einfach anbot.

Wir haben uns bemüht, eine Auswahl zu treffen, die sowohl bekannte Beispiele berücksichtigt, die schon fast Kultstatus erlangt haben – sozusagen die »üblichen Verdächtigen« –, gleichzeitig aber auch Mythen, die vielen unserer Leser vielleicht gar nicht bekannt sind. Auslassungen waren dabei unvermeidlich, das beste Beispiel dafür ist wohl die Geschichte von Odysseus: Er schlug die Chance auf ein ewiges Leben aus, um zu Penelope zurückzukehren, seiner Frau, die ihm während der 20 Jahre seiner Abwesenheit die Treue gehalten hat. Es ist einfach eine Geschichte, die sich weder auf ein paar Seiten gedrängt abhandeln lässt noch aus dem reichen Gesamtkontext der *Odyssee* herausgelöst werden kann, jenes Heldengedichts, das zu den größten Abenteuergeschichten aller Zeiten gehört, das aber auch eine wahre Enzyklopädie für die zahlreichen Spielarten der Liebe außerhalb der Ehe darstellt. Wir haben uns im Folgenden jedoch auf andere Quellen gestützt, und man wird sehen, dass wir uns am ausgiebigsten und mit größter Freude bei Ovid bedient haben. Sicherlich ist es kein Zufall, dass es in seinen *Metamorphosen* so viele Liebesgeschichten gibt, denn im Guten wie im Schlechten, in der Antike oder in der Gegenwart gilt: Es gibt wohl wenige Dinge, die das Leben so stark prägen wie die Liebe.

Eine Anmerkung zu den Namen

Obwohl die griechische und die römische Religion der Antike keinesfalls identisch waren, wurden spätestens seit dem 3. Jahrhundert vor unserer Zeitrechnung die einheimischen italienischen Götter mit den Göttern des griechischen Olymp gleichgesetzt. Als die späteren römischen Dichter, auf die wir uns stützen werden – Ovid, Virgil, Seneca, der Mythograph Hyginus –, die auf den griechischen Wurzeln basierende Mythen neu erzählten, ersetzten sie wie selbstverständlich die ursprünglichen Götter mit ihren eigenen. So wurde Zeus zu Jupiter, Hera zu Juno, Artemis zur römischen Diana, Aphrodite zu Venus, Hermes zu Merkur, Poseidon zu Neptun, Hades zu Pluto und so weiter. Von den wichtigeren Göttern ist nur der Name von Apollon in beiden Überlieferungen derselbe geblieben.

Im Folgenden werden wir in der Regel die griechische Form eines Namens benutzen, wenn wir uns vorrangig auf ein griechisches Original stützen, und die römische, wenn wir eine lateinische Quelle verwenden. Wenn wichtige historische Quellen in beiden Sprachen existieren, werden wir oft beide Namen gleichzeitig anführen.

13

TEIRESIAS
Die Enträtselung der Lust

Wenn Sie irgendwann einmal die Tragödie von Ödipus gesehen oder gelesen haben, werden Sie sich vielleicht an Teiresias erinnern. Es war dieser blinde Seher, der versuchte, Ödipus zu sagen, dass er seinen eigenen Vater getötet und seine eigene Mutter geheiratet hat. Nun werden Sie in einem Buch über Mythen der Liebe vielleicht erwarten, dass ich genau hier einhake und über Ödipus sprechen werde, eine mythologische Figur mit ernsthaften Liebesproblemen. Sicher, Freud sah darin eine der interessantesten mythologischen Liebesgeschichten, die man sich vorstellen kann, und begründete seine Theorie der menschlichen Psyche und Sexualität zu einem großen Teil darauf. Aber Ödipus wusste nicht, dass der alte Mann, den er Jahre zuvor an einer Wegkreuzung getötet hatte, in Wirklichkeit sein Vater war, oder dass die attraktive, ältere Frau, die er später heiratete, sowohl die Witwe des Toten als auch seine eigene Mutter war, daher klammern wir ihn selbst hier erst einmal aus. Es ist nämlich Teiresias, der mich eigentlich interessiert. Und ich möchte Ihnen nicht die Gründe dafür vorenthalten. Es hat damit zu tun, wie er sein Augenlicht verlor und zum Seher wurde.

Eine Version der Sage erzählt, er habe, als er durch die Wälder streifte, Athene gesehen, die nackt ein Bad nahm. Empört darüber, dass ein Sterblicher sie unbekleidet gese-

15

hen hatte, ließ sie ihn erblinden, damit er dies nie wieder tun konnte. Zeus jedoch hatte Mitleid mit ihm und verlieh ihm zum Ausgleich die Gabe des Sehers.

Die andere Version ist aber für uns weitaus interessanter: Eines Tage, er war wieder in den Wäldern unterwegs, begegnete er zwei riesigen, sich begattenden Schlangen. Aus irgendeinem unerfindlichen Grund trennte er das Paar mit seinem Stock, und noch im selben Moment wurde er in eine Frau verwandelt (in einigen Erzählungen steckt Hera dahinter, Zeus' Frau, die offenbar verärgert darüber ist, dass Teiresias die Schlangen bei ihrer Betätigung unterbrochen hat). Sieben Jahre später wanderte Teiresias erneut durch den Wald und erblickte dieselben Schlangen wie zuvor, wieder in flagranti. Obwohl man ja meinen sollte, dass sie es nun besser wissen müsste, trennt sie auch dieses Mal die Schlangen. Eine Lehre hate sie aber aus dem ersten Mal gezogen, denn zumindest in einigen Versionen der Geschichte wartet sie, bis die Schlangen ihre Tätigkeit beendet haben. Ob das nun ausschlaggebend dafür ist, was als Nächstes passiert, darüber wage ich keine Vermutungen anzustellen. Jedenfalls wird Teiresias plötzlich in einen Mann zurückverwandelt.

Hermaphroditos, dem wir etwas später begegnen werden, empfand es als Schande, gleichzeitig männlich und weiblich zu sein. Demgegenüber bietet Teiresias' Schicksal den Vorteil, dass er nacheinander männlich und weiblich war. Heutzutage ist dies im Rahmen von geschlechtsangleichenden Operationen möglich, in der Antike allerdings erforderte diese Verwandlung ein Wunder. Aber selbst wenn operative Geschlechtsumwandlungen in der heutigen Zeit vergleichsweise üblich sind, ist Teiresias wohl die einzige Person der Welt, der es vergönnt war, zu erfahren, wer wirklich mehr

Ist die Gestalt auf dem Bild ein Mann oder eine Frau, blind oder allsehend? Der Teiresias von Mark Rothko ist all dies gleichzeitig.

Mark Rothko: ohne Titel, Skizze zu »Teiresias«. Bleistift und Farbstifte auf Pauspapier, 35,1 x 21,6 cm. Anonyme Leihgabe

Spaß am Sex hat: der Mann oder die Frau. Und genau diese Frage stellen ihm später Zeus und Hera, die damit einen Zwist untereinander klären wollen. Und jetzt gerät er dann wirklich in Schwierigkeiten.

Über Teiresias' sexuelle Erfahrungen als Mann wird nichts berichtet, einigen Überlieferungen zufolge soll er während seiner Jahre als Frau als Prostituierte mit vielen Partnern gelebt haben. Jedenfalls maßt er sich eine gewisse Kompetenz an, und seine Antwort ist eindeutig: Frauen haben am Sex weitaus mehr Spaß als Männer. Vor Entrüstung über diese Aussage lässt Hera ihn erblinden. Um die von seiner Frau verhängte Strafe zu mildern, stattet Zeus Teiresias zum Ausgleich schließlich mit der Gabe des Sehers aus.

Es drängt sich also die Frage auf: Waren Frauen in der antiken griechischen und römischen Welt alle sexuell so erfüllt, dass Teiresias' Antwort selbstverständlich ist? Irgendwie bezweifele ich das ja, aber wenn es so gewesen ist, kann ich nur sagen:»Gut für sie!« Abgesehen von der Grundaussage trägt diese Erzählung eine sehr negative Botschaft in sich. Man sollte meinen, dass Hera angesichts der Nachricht, dass Frauen mehr Freude am Sex haben, sich nun selbst zu den Glücklichen gezählt hätte, ja sogar ihren bekanntermaßen geilen Gatten mit einem gewissen Mitleid betrachtet haben würde. Stattdessen ist sie empört. Dieser Mythos bringt eine tiefe Scham über Sexualität zum Ausdruck, zumindest über die weibliche. Und beschämend ist es in der Tat, dass es hierbei um eine Scham geht, die viele Frauen, Tausende von Jahren später, immer noch versuchen zu überwinden.

PHAIDRA UND HIPPOLYTOS
Was ist das, was man Liebe nennt?

Phaidra, Gemahlin des Theseus, fragt im Gespräch mit ihrer Amme in der Tragödie *Hippolytos*, aufgezeichnet von Euripides:

>»Wie steht's mit dem, was in der Welt man Lieben heißt?« –
>»Es ist das Schönste, Kind, und auch das Schmerzlichste.«

Dass sie um eine Definition der Liebe bittet, verwundert eigentlich ein wenig, ist sie doch selbst gerade fest in ihrem Griff. Nun, ganz so seltsam ist diese Frage dann andererseits auch wieder nicht, denn was Phaidra da ergriffen hat, ist ein so irrationales, leidenschaftliches und dabei so überwältigendes sexuelles Verlangen, dass sie gar nicht weiß, wie ihr geschieht. Unglücklicherweise ist es nicht ihr Gemahl, den sie so wahnsinnig liebt, sondern ihr Stiefsohn Hippolytos. Und das wird ein tragisches Ende nehmen.

Dieser Mythos ist schnell erzählt und leicht zu deuten, zumindest oberflächlich gesehen. Hippolytos ist der Sohn von Theseus und der inzwischen verstorbenen Amazonenkönigin Hippolyte (in manchen Quellen auch »Antiope« genannt). Nach ihrem Tod heiratete Theseus Phaidra, die Tochter von Minos und Pasiphae. Was, genauer betrachtet, zu einer recht verworrenen Familiendynamik führt. Denn es war Theseus, der den Minotaurus tötete, der halb Mensch, halb Stier sowie Halbbruder der Phaidra war. Und dann verführte er ihre Schwester Ariadne und ließ sie sitzen; dazu aber später mehr.

Phaidras Gemahl war eine Zeit lang fort – vier Jahre, um genau zu sein, glaubt man dem römischen Dichter Seneca, der diese Geschichte in einem Stück verarbeitete. Während Theseus' Abwesenheit war Phaidras Verhalten immer vorbildlich gewesen, bis sie eines Tages all ihrer Kraft beraubt scheint. Sie isst nicht mehr, gleicht nicht mehr ihrer selbst. Ihre alte Amme schafft es, Phaidra zu entlocken, dass die Krankheit, an der sie leidet, ein unheilvoller Liebeskummer ist, und mit großer Mühe erfährt sie sogar den Namen des Geliebten der Herrin.

Obwohl die Amme Geheimhaltung geschworen hatte, spricht sie entweder direkt mit Hippolytos über Phaidras Liebe oder, wie in einigen anderen Versionen, plaudert mit dem bis dahin keuschen, ja sogar prüden Hippolytos über die Freuden der Sexualität, um ihn so auf die Liebeserklärung Phaidras vorzubereiten. Hippolytos reagiert darauf und auf den Gedanken an Phaidras geplanten Verrat an Theseus mit einem frauenverachtenden Ausbruch an Empörung. Lautstark beteuert er seine Hingabe zur jungfräulichen Göttin Artemis (der römischen Diana) und flieht aus dem Palast, durchdrungen von einem tiefen, wenn auch unangebrachten Schamgefühl darüber, in Phaidra dieses Verlangen entfacht zu haben. Bei Euripides beschließt die völlig verstörte Phaidra, sich zu erhängen, nicht aber ohne vorher dafür zu sorgen, dass ihre Ehre auch über den Tod hinaus sichergestellt ist: Sie heftet ein Notiztäfelchen an ihren Körper, das Theseus bei seiner Rückkehr vorfinden sollte, darauf steht die falsche Behauptung, Hippolytos habe sie vergewaltigt und sie habe

*Eine beunruhigende Symmetrie: Der
eine verleugnet seine Sexualität, die
andere ist nicht in der Lage, ihre Leidenschaft zu beherrschen; beides ge-
gensätzliche Figuren, die sich dennoch
sehr ähneln.*

Pierre Narcisse Guérin: »Phädra«,
1815. Öl auf Leinwand, 130×174 cm.
Paris, Louvre

sich das Leben genommen, um ihre Ehre zu bewahren. In späteren Versionen bleibt Phaidra am Leben und trägt Theseus diese Beschuldigungen persönlich vor. Ob er nun von der vermeintlichen Vergewaltigung hörte oder las, Theseus glaubte die Geschichte voll und ganz – und wieso sollte er auch nicht? Phaidra war bis dahin eine Frau von einwandfreiem Charakter und tadelloser Ehre gewesen. Allzu schnell und allzu folgenreich ruft Theseus Poseidon an, den Gott des Meeres, um seinen Sohn zu verfluchen.

Was dann passiert, erfahren wir über einen Boten, der nun hinzukommt, um die furchtbare Szene zu beschreiben, deren Zeuge er kurz zuvor geworden war. In der Nähe der Strecke, auf der Hippolytos mit seinem Wagen unterwegs war, stieg ein gewaltiger Stier aus dem Meer empor, bei dessen Anblick die Pferde des jungen Mannes in Panik ausbrachen. Hippolytos verliert daraufhin die Kontrolle über das Gespann, der Wagen überschlägt sich und er wird von den verängstigten Tieren zu Tode geschleift. Sein schöner Körper ist zerschunden. Als Phaidra davon erfährt, nimmt sie sich das Leben (wenn sie dies je nach Version nicht schon zuvor getan hatte). Und Theseus erkennt nun, dass er dazu gebracht worden ist, seinen Sohn zum Tode zu verurteilen.

Die Rolle der Phaidra ist eine der großen für Theaterschauspielerinnen »eines gewissen Alters«, sei es in Euripides' Original oder, vielleicht noch mehr, in der wunderbaren französischen Neubearbeitung *Phèdre* von Jean Racine. In der Tat ist es wahrscheinlich, dass wir uns Phaidra als eine Frau mittleren Alters vorstellen, deren untunliches Verlangen sich auf einen sehr viel jüngeren Mann richtet. Tatsächlich aber wird dies im Athen des 5. Jahrhunderts vor unserer Zeitrechnung, wo Euripides' Stück geschrieben und aufgeführt wurde, wahrscheinlich nicht der Fall gewesen sein. Unabhängig vom Alter des Ehemannes neigten die Athener dazu, Frauen in gebärfähigem Alter zu heiraten, sodass die zweite oder dritte Ehefrau oft nicht älter war als seine Kinder aus erster Ehe. Zumindest in den frühen Überlieferungen also stellte der Altersunterschied zwischen Phaidra und Hippolytos keine Unschicklichkeit dar; die beiden können ohne Weiteres gleichaltrig gewesen sein. Das hatte sich aber vermutlich schon geändert, als die Erzählung im 1. Jahrhundert unserer Zeitrechnung Einzug fand in die römische Literatur. Am deutlichsten tritt dies in den *Heroides* von Ovid zutage, einer Sammlung imaginärer Liebesbriefe von Figuren der Mythologie, und in der Tragödie *Phaidra* von Seneca dem Jüngeren. Phaidra ist bei ihm älter geworden, während Hippolytos derselbe blieb – so erklärt sich zum Beispiel bei Ovid ihr verzweifeltes Bedürfnis kundzutun, dass ihre Liebe, gerade weil sie so spät entfacht wurde, umso tiefer und leidenschaftlicher sei – und voraussichtlich für ihren zukünftigen Geliebten umso aufregender.

Auch wir runzeln noch oft die Stirn, wenn eine ältere Frau mit einem jüngeren Mann ausgeht – obwohl wir diese vorschnelle Reaktion längst abgelegt haben sollten. Vielleicht, weil wir immer noch im Schatten Freuds leben ... ich will damit sagen, dass wir unweigerlich solche Beziehungen in ödipale Begriffe zu gießen scheinen, wenn auch nur für einen Augenblick. Wenn sich die Vorstellung einer älteren und gesetzten Phaidra in unserem Geist verankern konnte, werden wir sicherlich wohl kaum Phaidra und Hippolytos betrachten, ohne darin auch die Geschichte einer vereitelten Inzucht zu sehen. Zwar gibt es keine Belege darüber, dass im antiken Athen eine Affäre zwischen Stiefeltern und Stiefkindern als Straftat oder zumindest als Tabu galt. Aber wieder einmal lagen in Rom die Dinge anders. Ovids Phaidra versucht vielleicht, den Verstoß als trivial abzutun, aber es hätte wohl jeder Römer die strafbare Handlung der Inzucht erkannt. Hätte Hippolytos mit seiner Stiefmutter geschlafen, wie diese es ersehnte, hätten die beiden der Verbannung entgegengesehen. Bei Racine ist es Phaidra selbst, die ihre Leidenschaft als Inzucht bezeichnet.

In Wirklichkeit aber, so fesselnd die Figur der Phaidra auch ist, denke ich, dass uns das eigentliche Geheimnis der Sage entgeht, wenn wir uns zu sehr auf sie und ihre raubtierhafte und möglicherweise inzestuöse Sexualität konzentrieren. Indem sie in das Zentrum der Geschichte gerückt wurde, hat sie das schauderhafte Gleichgewicht erschüttert, das die Erzählung ursprünglich hatte. Während bei Seneca und Racine ihr Selbstmord der Höhepunkt der tragischen Handlung kurz vor dem Ende des Dramas ist, vergisst man leicht, dass sie bei Euripides eigentlich etwa in der Mitte der Handlung stirbt, noch bevor sich die Tragödie vollständig entwickelt hat. Man kann sogar viel zu einfach ausblenden, dass nicht sie, sondern Hippolytos die eigentliche Titelfigur in Euripides' Werk ist.

Wenn die Tragödie von Phaidra und Hippolytos von menschlicher Sexualität handelt, die auf Abwege geraten ist, dann geht es dabei ebenso um verleugnete wie auch um zügellose Sexualität. Racine bringt das, wenn ich mal so sagen darf, durcheinander, denn er stattet seinen Hippolytos mit einer Verlobten aus, Aricie. Hippolytos ist für die Dichter der Antike aber eigentlich ein entschiedener, ja man könnte sagen, leidenschaftlicher Junggeselle. Ihm liegt es genauso fern zu heiraten oder einfach mal zufälligen und ungezwungenen Sex zu haben wie zum Mond zu fliegen. Sein wichtigster Zeitvertreib und seine größte Freude sind es, Diener der jungfräulichen Göttin der Jagd zu sein, Artemis. Sein ganzer Stolz: Er ist der einzige Mann, dem dies gestattet ist. Ich denke nicht, dass damit in irgendeiner Weise angedeutet werden soll, er sei unmännlich, aber nicht umsonst ist er der Sohn einer Amazone. Und als sein Vater ihn mit Phaidras schriftlichem Vorwurf der Vergewaltigung konfrontiert, reagiert er bei Euripides mit Beteuerungen seiner Keuschheit:

»Von einem bin ich, wo du mich zu packen meinst,
noch rein: ich hab bis diesen Tag kein Weib berührt.
Ich kenne solches nur vom Hörensagen, auch
wohl aus Gemälden, doch zu sehn verlangt mich nicht
dergleichen; denn jungfräulich ist mein Herz und rein.«

Griechen und Römer idealisierten die Tugenden der Selbstkontrolle und der Mäßigung. Es ist ein großes, tragisches Paradoxon, dass Hippolytos sich durch die Ablehnung jeglicher Form der Sexualität (abgesehen vielleicht von der sublimiertesten) eine Selbstkontrolle auferlegt haben kann, die jeder Mäßigung entbehrte. Eines ist sicher: Durch seine hingebungsvolle Verehrung der Artemis verhöhnt er Aphrodite, die Göttin der sexuellen Liebe. Wir werden in diesem Buch immer wieder sehen, dass Aphrodite der Menschheit weniger nachhaltige Freude bringt als man hoffen oder erwarten könnte, und dass wir ihr gegenüber gleichzeitig völlig machtlos sind. Und so kommt es, dass im Prolog von Euripides' *Hippolytos* Aphrodite selbst auftritt. Sie schwört, Artemis' Schützling zu vernichten. Ihr Mittel zum Zweck wird Phaidra sein, die sie bereits dazu gebracht hat, Hippolytos zu lieben: Die Kette der Ereignisse, die zu seinem Tod führen werden, ist in Gang gebracht. Auch Phaidra wird dabei sterben, aber im Spiel der Götter ist sie einfach nur ein Kollateralschaden: »Ihr Leid wiegt nicht so schwer«, sagt Aphrodite.

Was ist das, was man Liebe nennt? Es ist süß und bitter gleichzeitig, wie Phaidras Amme sagt. Und ich fürchte, in der griechischen und römischen Mythologie ist es allzu oft der herbere Beigeschmack, der überwiegt.

AMOR UND PSYCHE
Wenn die Liebe ihre Hüllen fallen lässt ...

Es ist schon seltsam, wie selektiv wir uns an manche Geschichten erinnern: Wir fügen Details hinzu, die so nicht im Original stehen, und lassen wiederum andere unter den Tisch fallen. Genauso arbeitet wohl mein Gedächtnis, wenn es um die Sage von Amor und Psyche geht, und ich habe den Verdacht, dass nicht nur mir es so ergeht. Sicherlich verläuft für viele die Geschichte folgendermaßen: Psyche, eine sehr schöne, sehr junge Frau, findet sich an einem seltsam unbelebten Ort wieder, wo die Diener nicht zu sehen sind, der Tisch sich aber von allein deckt, und wo Musik erklingt, obwohl nirgendwo Musiker zu sehen sind. Jede Nacht steigt im Schutz der Dunkelheit der Hausherr in ihr Bett, ohne dass sie ihn sieht. Die beiden werden ein leidenschaftliches Liebespaar. Dabei kennen sie sich nur – dies aber ganz und gar – durch ihre Berührungen, denn er warnt sie: Niemals solle sie versuchen, ihn zu erblicken. Tut sie es doch, würde sie ihn für immer verlieren. Jeden Morgen, bevor das Tageslicht sein Aussehen enthüllen könnte, stiehlt er sich davon.

So geht das eine ganze Weile, bis zu guter Letzt bei Psyche die Neugier, gemischt mit nicht wenig Angst, die Oberhand gewinnt. Warum will ihr Geliebter nicht gesehen werden? Was ist sein Geheimnis? Was stimmt bloß nicht mit ihm? Zwar ist seine Stimme sanft und freundlich, aber vielleicht ist

31

er furchtbar missgestaltet oder, noch schlimmer, eigentlich ein Monster. Und so kommt es, dass Psyche eines Nachts, sobald sie sicher ist, dass er schläft, das Verbot ihres Geliebten missachtet und eine Lampe anzündet. Im warmen Schein des Lichts erblickt sie Amor selbst, den geflügelten Gott der Liebe. Überwältigt von ihrer Liebe (für die Liebe selbst) streckt Psyche eine Hand aus, um Amor zu berühren – und hält dabei versehentlich die Lampe schräg, die sie in der anderen Hand hält. Ein Tropfen heißes Öl fällt auf seine nackte Haut, und er schreckt aus dem Schlaf hoch. Sie hat gegen das einzige Verbot verstoßen, das er ihrer Liebe auferlegt hat. Er steigt aus dem Bett, breitet seine Flügel aus und fliegt durch das Fenster davon. Allein zurückgelassen und untröstlich bleibt Psyche zurück.

Die Geschichte von Amor und Psyche ist im Grunde kein Mythos wie die anderen in diesem Buch, denn sie ist in (nur) einer ganz bestimmten Quelle aufzufinden, in einem lateinischen Roman aus dem 2. Jahrhundert von Lucius Apuleius mit dem Titel *Metamorphosen*, auch bekannt unter dem Titel *Der goldene Esel*. Schauen wir uns nun das Original an, so entdecken wir, dass der Anfang der Geschichte, wie ich sie gerade erzählt habe, gar nicht der wirkliche Anfang ist, und auch das Ende hat nichts mit dem wirklichen Ende zu tun. Was fehlt also?

Schon beim Nacherzählen merkt man, dass sich die Geschichte eher wie das Märchen von der Schönen und dem Biest anhört (nur erotischer und mit einem Biest, das nur im Kopf der Heldin eines ist). Und da gibt es wirklich einiges in Apuleius' Version, was noch märchenähnlicher ist. Da sind zum einen die bösen Schwestern. Psyche hat gleich zwei davon, und obwohl sie keine Stiefschwestern sind wie

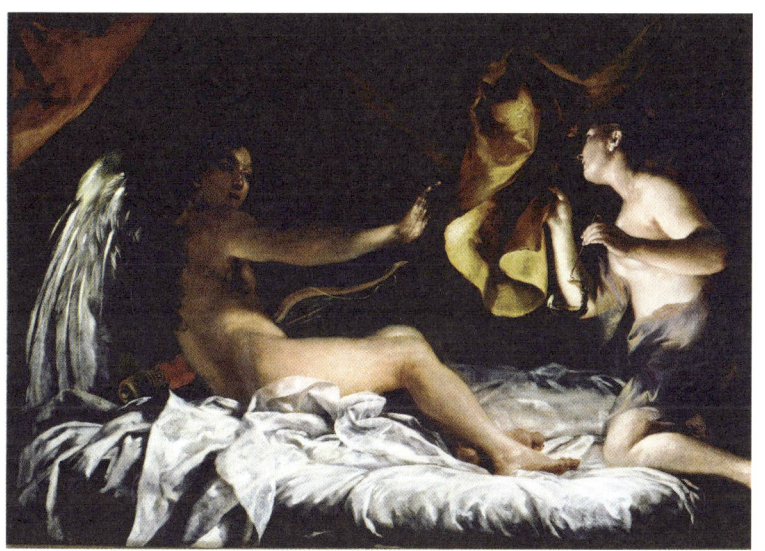

*Ein merkwürdiger Widerspruch: Erst
indem sie Amors Bedingung missachtet, begreift Psyche, was ihre Liebe
wirklich ausmacht.*

Giuseppe Maria Crespi: »Amor und
Psyche«, 1707–1709. Öl auf Leinwand,
214 × 133 cm. Florenz, Galleria degli
Uffizi

bei Aschenputtel, stehen sie denen in nichts nach. Sie sind neidisch auf Psyche, die schöner ist als sie und angeblich in größerem Reichtum lebt. Obwohl beide Schwestern mit Königen verheiratet sind, beklagen sie sich, diese seien arm, außerdem alt und lästig, wohingegen Psyches Liebhaber, obgleich ihn ja niemand gesehen hat, ein Prinz sein könnte.

Und so sind es dann die beiden Schwestern, die in Psyche die Furcht anfachen, der mysteriöse Liebhaber könnte ein Monster sein, und die sie dazu anstacheln, ihr Versprechen zu brechen und ihn anzuschauen. Und wie auch die bösen Stiefschwestern im Märchen von Aschenputtel werden sie für ihre Missetat bestraft. Ohne Skrupel sorgt Psyche nämlich dafür, dass sie über eine Klippe in den Tod stürzen.

Aber die Schwestern sind nicht die Einzigen, die Psyche ihr Glück missgönnen. In der Tat ist Eifersucht das Motiv, das die ganze Geschichte im Original vorantreibt. Und niemand ist eifersüchtiger auf Psyche als Venus selbst. Venus ist es nämlich, die Amor und Psyche überhaupt erst zusammenbringt: Das Mädchen ist so außergewöhnlich schön und wird so sehr geliebt, dass die Göttin von niemandem mehr verehrt wird. So wie es alternden Stars im Filmgeschäft ergeht, verblasst ihr Ruhm angesichts der jüngeren Frau, und Venus ist darüber richtig sauer. Sie befiehlt ihrem Sohn Amor, Psyche mit einem seiner Pfeile dazu zu bringen, sich in einen schrecklich unpassenden Mann zu verlieben. Als er aber Psyche sieht, hat er ganz andere Pläne und erwählt sie für sich selbst. Er tut sein Bestes, um die Liaison vor seiner Mutter geheim zu halten, aber sie findet es dennoch heraus (Apuleius zufolge erfährt sie es von einem kleinen Vogel; vielleicht war das ja im Rom der Antike weniger klischeehaft als heute). Ihre Eifersucht überschlägt sich. Der junge Amor habe nicht das

Recht dazu, seine Mutter für eine andere Frau zu verlassen, so schimpft sie, und noch weniger, sie ausgerechnet mit der zu betrügen, die er doch vernichten sollte. Psyche habe sich in keiner Weise als ihres Sohnes würdig erwiesen, der nun unter den Verbrennungen leidet und verzweifelt um sein Leben kämpft, wie sie recht melodramatisch erklärt. Psyche, die nun auf der Suche nach Amor durch die Welt zieht, ist auch noch schwanger. Darüber tobt Venus: vor Wut über die Demütigung, dass nun die ganze Welt sieht, dass sie alt genug ist, um Großmutter zu sein.

Wenn ich aber an Amor und Psyche denke, stehen nicht diese ganze Wut und Eifersucht im Vordergrund. Wir vergessen auch, dass Venus am Ende dafür sorgt, dass niemand, weder Götter noch Sterbliche, Psyche Schutz gewähren wird. Als sich Psyche zu guter Letzt der Gnade der Venus ausliefert, fällt die Göttin brutal über das Mädchen her – und wer erinnert sich noch daran? Sie stellt Psyche vor eine ganze Reihe komplizierter und scheinbar unlösbarer, ja sogar tödlicher Aufgaben, bevor Amor und Psyche zum Schluss der Geschichte wieder glücklich vereint werden: ein Happy End, das viele, wie ich vermute, auch vergessen haben.

Die Geschichte von dem Paar Amor und Psyche bleibt jedoch in Erinnerung, denn sie ist die vielleicht sinnlichste und erotischste Liebesgeschichte der ganzen Mythologie. Zwei ganz besonders schöne junge Liebende kommen in der Dunkelheit zusammen und lernen sich kennen, nicht durch ihre Blicke, sondern durch Berührungen am ganzen Körper. Ihre Sinne, ihre Sexualität sind erwacht, die von Psyche zum ersten Mal, seine wie noch nie zuvor.

Ich aber entnehme schließlich dieser Geschichte eines – und das geht uns hoffentlich allen so: Letzten Endes hat für

Psyche der gute und erfüllende Sex allein nicht ausgereicht, und er konnte gar nicht ausreichen. So großartig die körperliche Vereinigung auch sein mag, sie muss ihren Geliebten besser und auf eine andere Weise kennenlernen: Sie muss ihn in vollem Licht sehen, muss ihn als den erkennen, der er ist, egal welches Risiko dies mit sich bringt. Nur wenn sie dies tut, kann ihre Leidenschaft zu Liebe heranreifen.

LEDA
Ein Schwan ist ein Schwan ist kein Schwan

Leda, die Frau von Tyndareos, dem König von Sparta, gebar sieben Kinder, von denen ich durch das Studium der Quellen Kenntnis habe. Timandra, Phoibe und Phylonoe wurden vermutlich auf ganz prosaischem Wege gezeugt. Auch wenn der Zeugungsweg nicht notwendigerweise mit der späteren Bedeutungskraft in der Mythologie korreliert, spielen diese drei Nachkommen der Leda kaum eine Rolle. Die Zwillingsbrüder Kastor und Polydeukes (lateinische Quellen nennen sie Castor und Pollux) dagegen werden sowohl in der *Ilias* als auch in der *Odyssee* erwähnt; sie segelten mit Iason und den Argonauten nach Kolchis, um das Goldene Vlies zurückzufordern, wurden als Schutzpatrone der Seeleute in den Himmel versetzt und nach ihrem Tod schließlich als Sternbild des Zwillings verewigt. Nicht schlecht!

Die beiden Schwestern Helena und Klytaimnestra schließlich erlangten eher traurige Berühmtheit, weil die eine Stein des Anstoßes für einen Krieg in der ganzen damals bekannten Welt war und die andere ihren Ehemann umgebracht hat, als er aus diesem Krieg zurückkam. Was die Vaterschaft dieser vier Kinder angeht, so herrscht eine gewisse Verwirrung. An diese blinden Flecken in der Geschichte denken wir vor allem im Zusammenhang mit Leda – und an die bemerkenswerten Umstände, unter denen diese Kinder gezeugt wurden.

Denn Kastor, Polydeukes, Helena und Klytaimnestra sind zwar Geschwister und haben dieselbe Mutter, dennoch kann man nicht mit Gewissheit behaupten, sie seien aus demselben Schoß geboren. Klytaimnestra ist höchstwahrscheinlich Ledas Tochter und wurde von Tyndareos gezeugt. Dasselbe gilt für Kastor – vielleicht aber auch nicht, weil Polydeukes meistens Zeus zugeschrieben wird. Dann wären die Zwillinge seltsamerweise Halbbrüder. Und obwohl der griechische Verfasser eines mythologischen Handbuches, der heute unter dem Namen Pseudo-Apollodor bekannt ist, berichtet, Leda habe in der Nacht, als Helena gezeugt wurde, sowohl mit Zeus als auch mit Tyndareos sexuell verkehrt, bestand in der Antike allgemeiner Konsens darüber, dass eher der Gott als der Sterbliche ihr Vater ist.

Wieso dann nicht aus demselben Schoß? Weil Zeus sich Leda als Schwan näherte und sie in dieser Gestalt auch vergewaltigte. Biologisch mag das fragwürdig sein, aber es liegt eine perverse Logik in der Vermutung, dass Leda ihre Tochter nicht nach Art der Säugetiere zur Welt gebracht, sondern ein Ei gelegt hat. Das ist wirklich eine ziemlich skurrile Geschichte, und ich schätze, dass zumindest einige Griechen der Antike das auch sehr wohl wussten (einer Variante zufolge gab die Göttin Nemesis Helena das Ei nur in Gewahrsam). Die früheste überlieferte Quelle, in der das Ausbrüten von Ledas Kind Erwähnung findet, stammt aus dem 5. Jahrhundert vor unserer Zeitrechnung: In Euripides' Drama *Helena* schildert die Titelfigur die merkwürdigen Umstände ihrer Geburt. Und auf einer Vase aus dem 4. Jahrhundert, die heute im archäologischen Museum im süditalienischen Bari steht, schlüpft Helena ebenfalls auf groteske Weise aus einem zerbrochenen Ei. Entweder war sie ein außergewöhnlich gut entwickeltes und wohlproportioniertes Baby oder das Ei muss riesig gewesen sein, und zwar groß genug, dass ein Erwachsener darin Platz hatte. Im Mittelalter waren die Darstellungen der biologischen Verhältnisse dann noch abenteuerlicher und die Eier sowohl zahlreicher als auch fruchtbarer: Ein Schriftsteller, der sich als erster vatikanischer Mythograph einen Namen gemacht hat (obwohl seine einzige Verbindung zum Vatikan offenbar darin besteht, dass ein Manuskript seines Werkes in der dortigen Bibliothek aufbewahrt wird), behauptet nämlich, Leda habe nicht nur ein Ei gelegt, sondern zwei. Und der Keimling stamme von zwei verschiedenen Vätern; der eine habe Kastor und Polydeukes gezeugt, der andere Helena und Klytaimnestra. Leonardo da Vinci hatte bestimmt seinen Spaß an dieser Geschichte, als er das entsprechende Gemälde schuf, das wir heute nur noch von Kopien kennen: Eine nackte, aber dennoch sehr brav wirkende Leda schlingt ihre Arme um einen Schwan, der anbetungsvoll zu ihr aufschaut, während vier pausbäckige Babys glücklich zwischen den Schalen der beiden Eier spielen, aus denen sie gerade geschlüpft sind.

Unter den Künstlern der italienischen Renaissance war die Geschichte von Leda und dem Schwan offenbar sehr beliebt. Correggio versetzte das Paar mitten in eine ausgelassene Waldszene. Hier sitzt Leda im Schatten eines Baumes am Ufer eines Weihers oder eines Baches, mit dem Gesicht zum Betrachter. Der Schwan steht zwischen ihren gespreizten Beinen, biegt seinen Hals zwischen ihren nackten Brüsten nach oben, wobei sein Schnabel gerade weit genug reicht, um sie zärtlich unter dem Kinn zu berühren. Sie schaut ihn recht liebevoll an. Wenn sie nicht nackt wäre, könnte man sie für die perfekte Tierliebhaberin halten, die sich fürsorglich um ihr Haustier kümmert. Auf der linken Seite spielen zwei Kleinkinder unter der Aufsicht eines jugendlichen Cupido. Auf der rechten Seite badet ein junges Mädchen im Wasser, das vor einem auf sie zu schwimmenden Schwan zurückschreckt. Eine andere weibliche Figur, die etwas älter und schon eher im heiratsfähigen Alter ist, steigt gerade aus dem Wasser. Ein Dienstmädchen trocknet sie mit einem Handtuch ab, während sie – sehnsüchtig oder gar mit Wohlgefallen? – zu einem Schwan emporblickt, der sich soeben in die Lüfte schwingt. Die Szene ist witzig und gleichzeitig Ausdruck von zarter Erotik. Ledas Schwan ist offensichtlich nicht der einzige mit sexuellem Potenzial.

Michelangelos Originalversion ist ebenso wie Leonardos verloren gegangen, wurde aber häufig kopiert: Auf seinem Bild ist Leda in einer Pose zu sehen, die an die Figur »Die Nacht« erinnert, die Michelangelo für das Medici-Grabdenkmal schuf. Die Eule unter dem stark gebeugten Knie wurde jedoch durch einen Schwan ersetzt, der sich zwischen Ledas Beinen niedergelassen hat, sich eng an ihren Körper schmiegt und seinen Hals nach oben reckt, um sie zu küssen oder vielleicht sogar seinen Schnabel in ihren Mund zu stecken. In Tintorettos Version ist die Szene konkreter positioniert und sehr wohldurchdacht: Leda ruht halb liegend auf einem reich drapierten Bett in ihrem dämmrigen Schlafgemach. Sie ist nackt, bis auf die Juwelen um ihren Hals und in ihrem Haar, und man könnte sie leicht für eine venezianische Kurtisane halten – wäre da nicht ihr gefiederter Begleiter. Mit einem ausgestreckten Arm liebkost sie den Hals eines Schwans, der neben ihr auf dem Boden steht. Hinter ihr, auf der anderen Seite, steht ein Dienstmädchen an einem großen Käfig, der offenbar einen festen Platz in Ledas Schlafgemach einnimmt.

*Von allen Tierformen, in deren Ge-
stalt Götter Frauen verführt haben,
mag die des Schwans die sexuell auf-
reizendste sein.*

Correggio: »Leda und der Schwan«,
um 1531. 156,2 × 195,3 cm, Öl auf Leinwand. Berlin, Gemäldegalerie

Versucht die Zofe, den Vogel zurück in den Käfig zu locken, oder hat sie das Tier gerade hinausgelassen, damit es zu Ledas Liegestatt kommen und – die Vermutung liegt zumindest nahe – der Herrin wie gewohnt den erwarteten Genuss verschaffen kann? Das bleibt unklar. Unmissverständlich jedoch hatte für zeitgenössische Betrachter diese Boudoirszene eine sexuelle Bedeutung.

Ich kenne keine Darstellung aus der Renaissance, die so unverblümt mit den pornografischen Möglichkeiten dieser Geschichte kokettiert wie die Bilder von François Boucher aus dem 18. Jahrhundert. In einer dieser Versionen ist der Schwan offensichtlich ganz erpicht darauf, sich zu einer nackten und ziemlich überrascht blickenden Leda und ihrer unbekannten nackten Gefährtin zu gesellen, die sich so wohlig an deren Schoß schmiegt. Es gibt allerdings noch ein anderes Gemälde zu diesem Thema, das Boucher oft zugesprochen wird. Und dieses Bild ist an Deutlichkeit nicht zu überbieten: Leda liegt allein in ihrem Bett, auf dem Rücken, die Beine gespreizt. Sie stellt ihr Geschlecht unverblümt zur Schau, während ein Schwan sich ganz offensichtlich anschickt, mit seinem Kopf und seinem Hals in sie einzudringen, um sie zu befriedigen. Gibt es irgendein Gemälde aus der Renaissance, das derart konkret darstellt, wie Leda vergewaltigt oder in sexuelle Ekstase versetzt wird? Ich kenne keines, schließe allerdings nicht aus, dass eines existiert. Einer Sache bin ich mir da schon eher sicher: Keines der Gemälde, die ich gesehen habe, weist in irgendeiner Weise auf die schrecklichen Folgen dieser Vereinigung hin. Dazu müssen wir entweder auf Euripides' Helena zurückgreifen, die die in ihrem Namen begangenen Gewalttaten beklagt, oder – nach einem gewaltigen Zeitsprung – auf William Butler Yeats, der ein beeindruckendes Gedicht über die Geschichte verfasst hat. Verglichen mit der apokalyptisch befrachteten Erotik von Yeats erscheinen meine erwähnten Gemäldeversionen aus der Renaissance angenehm heiter. Eines steht jedenfalls fest: Für die Künstler dieser Epoche war Leda eine Frau, die ihren Schwan innig geliebt hat. Und manchmal ist ein Schwan eben nicht einfach ein Schwan – womit ich nicht meine, dass ein Schwan dann einfach nur ein Gott ist, der eine andere Gestalt angenommen hat.

Das wird ganz deutlich, wenn man sich einige äußerst merkwürdige medizinische Abbildungen des folgenden 17. Jahrhunderts ansieht, auf denen der verlängerte, doch eindeutig nicht erigierte menschliche Penis auf seltsame, aber anmutige Weise gebogen dargestellt ist – vielleicht wie ein Schwanenhals? Ich denke dabei beispielsweise an eine Abbildung, auf der der Künstler die Hoden gänzlich weggelassen und stattdessen jeweils einen Beinabschnitt an jede Seite des Organs gezeichnet hat, was stark an die ausgebreiteten Flügel eines Vogels erinnert. Ich will die Sache nicht übertreiben, aber wenn all das anatomisch ebenso möglich scheint wie eine Frau, die Eier legt, vermute ich doch, dass beides sehr eng zusammenhängt.

HELENA UND PARIS
Begierde und Krieg

Wahrscheinlich gibt es in der gesamten klassischen Mythologie keine berühmtere Frau als Helena von Troja, denn, so erzählt man sich, um ihretwegen wurde der schlimmste Krieg geführt, den die Welt bis dahin gekannt hatte. Solange die alten Mythen für uns noch von Bedeutung sind, solange wird auch der Trojanische Krieg für beispiellose Verwüstungen und Umwälzungen stehen und solange wird Helena immer als die schönste Frau gelten, die je gelebt hat. Ich bin sicher, viele Leser würden es als ein schweres Versäumnis sehen, sollte ich in diesem Buch die Geschichte von Helena, ihrem Geliebten Paris und das, was durch ihre Leidenschaft entfesselt wurde, auslassen. Aber ist ihre Geschichte wirklich ein Mythos der Liebe? Ich bin mir da überhaupt nicht sicher.

Zweifellos kennen Sie die Geschichte, zumindest in groben Zügen. Eris, die Göttin der Zwietracht, war von der exquisiten Gästeliste einer ganz besonderen Hochzeitsfeier gestrichen worden. Gefeiert wurde nämlich die Eheschließung zwischen Peleus, König der Myrmidonen, und der Meeresnymphe Thetis. Eris erschien aber trotzdem auf dem Fest und brachte sogar ein Geschenk: einen goldenen Apfel, allerdings nicht für die Brautleute, sondern für einen der geladenen Gäste. Wer den Apfel erhalten sollte, stand deutlich in den Apfel geschnitzt, aber der Empfänger war dennoch absichtlich nicht eindeutig. »Für die Schönste«, so stand darauf. Eris warf den Apfel in die Runde und verließ die Feier.

Tja, dieser Aufruf zum Vergleich würde wohl auf jedem Kostümfest, auf dem mehrere Damen anwesend sind, zu einem recht harten Wettkampf führen können. Man stelle sich nun eine Situation vor, in der es dabei um eine Gruppe von Göttinnen geht, und zwar sehr eitler Göttinnen. Jede der drei – Hera, Athene und Aphrodite – war sich sicher, dass nur sie allein gemeint sein konnte. Zeus, der sich klugerweise hier gar nicht erst einmischte, beauftragte Hermes damit, einen anderen Schiedsrichter herbeizuholen. Es sollte Paris sein, Sohn des Königs von Troja, der als Schafhirte auf dem Berg Ida in Kleinasien lebte (auf die Hintergründe für diesen ungewöhnlichen Lebensweg werde ich gleich eingehen). Die Göttinnen gingen also gemeinsam auf Paris zu, und jede bot etwas an, um ihn zu bestechen. Athene, würde er sie wählen, stellte ihm Weisheit und Geschicklichkeit in Aussicht, wie sie kein anderer Sterblicher hatte. Hera bot ihm zum Zeichen ihrer Dankbarkeit die Herrschaft über ganz Europa und Asien an. Letztlich aber war es Aphrodite, die Göttin der Liebe, der Paris den goldenen Apfel zusprach, nicht nur ihrer enormen Schönheit wegen, sondern weil sie ihm Helena als Belohnung versprach.

Doch so einfach war das nicht, denn es gab da nun einige Hindernisse zu überwinden.

Paris und Helena lebten zunächst einmal in verschiedenen Königreichen. Außerdem hatte keiner der beiden je einen Blick auf den anderen geworfen. Nicht zuletzt war er bereits mit einer anderen Frau verheiratet. Sie hatte schon einen Gemahl. Und beiden war Unheil bereits vorbestimmt.

In den meisten Versionen der Sage war Helena die Tochter von Leda und Zeus, natürlich. Dennoch übernahm Ledas sterblicher Gatte, Tyndareos, König von Sparta, die Rolle ihres Vaters. Als sie noch ziemlich jung war – in manchen Darstellungen ein Kind, in anderen gerade einmal im gebärfähigen Alter – entführte ein erwachsener Theseus, angezogen durch ihre göttliche Abstammung oder von ihrer schon damals außergewöhnlichen Schönheit, Helena und machte sie zu seiner Frau. Ob diese Beziehung vollzogen wurde oder nicht, darüber herrscht in den Quellen keine einheitliche Meinung. In jedem Fall offenbart dies eine wahrlich abstoßende Seite an Theseus, auch wenn die Menschen der Antike sich offensichtlich mehr Sorgen um die politischen und dynastischen Auswirkungen machten als um den Makel des Kindesmissbrauchs. Das ist aus der heutigen Perspektive für uns kaum nachvollziehbar, ich weiß.

Helena wurde jedenfalls gerettet und bald darauf zu ihren Eltern zurückgebracht, wo sie in ein heiratsfähiges Alter hineinwuchs (was in unseren Augen natürlich immer noch ziemlich jung war). Könige, Prinzen und Heroen aus ganz Griechenland kamen und hielten um ihre Hand an. Theseus war dieses Mal anscheinend nicht unter den Freiern, aber wir wissen ja, dass er auch weiterhin anderen Frauen nicht unbedingt guttun würde. Trotz allem befürchtete Tyndareos neuen Ärger. Könnte einer der Freier, wissend, dass Helena bereits zuvor entführt worden war, Theseus' Beispiel folgen und sie sich einfach nehmen? Oder würden vielleicht die zurückgewiesenen Freier aus Ärger und Enttäuschung Gewalt anwenden und mit ihren Waffen gegen Tyndareos ziehen, sobald er den Bräutigam auserwählt hatte? Odysseus, der unbestritten pfiffigste aller griechischen Helden, war

zugegen, und er hatte einen Vorschlag parat, der Tyndareos'
Sorgen mildern sollte. Alle Freier sollten den Eid schwören,
nicht um Helena zu kämpfen, außer in einem einzigen Fall:
Sollte irgendjemand so anmaßend sein und sie zurückrauben,
würden alle anwesenden Könige und Prinzen sich zu einer
Allianz im Kampf gegen den Übeltäter zusammenschließen.
Menelaos wurde schließlich als Gemahl für Helena auser-
koren, die anderen blieben ihrem Wort treu und zogen friedlich von dannen. Tyndareos überließ Menelaos nicht nur seine Tochter, sondern auch seinen Thron, und so begannen die
beiden ihr Eheleben als König und Königin von Sparta und
wurden Eltern einer Tochter, Hermione.

Und was war Paris in der Zwischenzeit widerfahren?

Es ist wirklich erstaunlich, wie viele unserer Lieblings-
geschichten darauf aufbauen, dass ein unschuldiges Kind ein
furchtbares Schicksal zu erwarten hat und dass die Versuche
der Eltern, diese Zukunft abzuwenden, zum Scheitern verurteilt sind. Ein König versucht, seine Tochter davor zu bewahren, in einen hundert Jahre dauernden, todesähnlichen Schlaf
zu fallen, indem er alle Spindeln aus seinem Reich verbannt,
aber sie sticht sich dennoch an einer Nadel und ist dazu verdammt, ein Jahrhundert lang zu schlafen. Ein anderer König
und seine Gemahlin hoffen darauf, die Weissagung, ihr Sohn
würde den Vater töten und die Mutter heiraten, durch einen Kindesmord zu durchkreuzen, dabei rechnen sie nicht
damit, dass ein Fremder, der das ausgesetzte und übel zuge-
richtete Kind findet, Mitleid verspüren und ihm sowie dem
unabwendbaren Schicksalslauf Beistand leisten würde.

Die Geschichte von Paris kommt der von Ödipus näher als
der von Dornröschen. Kurz vor der Niederkunft träumt Hekabe, seine Mutter, eine brennende Fackel zur Welt zu brin-

Die Göttinnen, die um das Prädikat der »Schönsten« konkurrieren, präsentieren sich vor einem eher gleichgültig wirkenden Paris. Bald nimmt eine Tragödie unermesslicher Tragweite ihren Gang.

Anselm Feuerbach: »Das Urteil des Paris«, 1869. Öl auf Leinwand, 228 x 443 cm. Hamburg, Kunsthalle

gen. Ihr Kind, so die Prophezeiung, wird nicht nur den Tod seines Vaters Priamos, sondern die Zerstörung eines ganzen Königreichs herbeiführen. Die einzige Chance für die Rettung Trojas besteht darin, das Baby zu töten. Nun stellt sich die kritische Frage: Wem gegenüber tragen der König und die Königin die größere Verantwortung – ihrer Familie oder ihrem Volk? Sie stehen vor der schlimmsten Entscheidung, die ich mir überhaupt vorstellen kann. Priamos und Hekabe überlassen Agelaos, einem ihrer Hirten, das Neugeborene: Er soll das Kind töten. Der Schäfer bringt das nicht übers Herz, er setzt stattdessen das Kind zum Sterben an den Hängen des Berges Ida aus, aber es wird von einer Bärin gerettet, die es in ihren Bau bringt und säugt. Agelaos überbringt Priamos einen Beweis, dass das Kind tot ist, in Wirklichkeit aber überlebt Paris und wird von Agelaos großgezogen, als sei er sein eigener Sohn. So wächst Paris auf dem Berg Ida als Schäfer heran, ein Schäfer allerdings von außergewöhnlicher Schönheit und Klugheit. Dadurch zieht er die Aufmerksamkeit der Nymphe Oinone auf sich, die er heiratet, und auch, wie wir nicht zuletzt bemerkt haben, die von Hermes, Hera, Athene und Aphrodite. Kurz nachdem Paris den Göttern bei den Feierlichkeiten sein Urteil mitgeteilt hat, kehrt er zurück nach Troja, wo er trotz der furchtbaren Prophezeiung von seinen Eltern als Sohn anerkannt und willkommen geheißen wird und den Status eines Prinzen zugesprochen bekommt.

Schon bald stattet er eine Flotte aus und segelt nach Sparta, um den versprochenen Preis einzufordern.

Helena wird im Gegenzug nach Troja gebracht. Menelaos macht die Bedingungen des von Odysseus am Hof von Tyndareos formulierten Abkommens geltend. Und die gesamte griechische Welt versammelt sich auf den Ebenen vor Troja (auch bekannt als »Ilion« – daher Homers *Ilias*), wo sie die Stadt zehn Jahre lang belagern wird. Schlussendlich wird Troja, das ist allseits bekannt, zerstört und auch die siegreichen Griechen haben riesige Verluste zu beklagen, sowohl auf dem Schlachtfeld als auch beim Versuch, nach dem Krieg nach Hause zurückzukehren. Die Welt, so wie sie war, ist aus den Angeln geraten.

Nun weiß ich ja, dass Paris kein echter Mensch war, aber ich glaube, man kann sich diesen Typ Mann doch recht gut vorstellen. Unbestreitbar sieht er sehr gut aus und ist zweifellos enorm charmant (in den meisten Gemälden zum Urteil des Paris sind es übrigens nicht nur die Göttinnen, die halb nackt dargestellt sind, sondern auch Paris; Cranach der Ältere gehört zu einer deutlichen Minderheit mit seiner Darstellung des Ritters in moderner Rüstung). Er ist letztendlich aber auch faul und feige und damit eindeutig unheldenhaft: Nachdem der Krieg, den er selbst entfesselte, begonnen hatte, so hören wir, verbringt er die meiste Zeit im Haus und lässt andere, namentlich vor allem seinen Bruder Hektor, für sich kämpfen. Er ist oberflächlich und unzuverlässig, und er kann die Augen nicht von anderen Frauen lassen. Außerdem legt er ein ausgeprägtes Anspruchsdenken an den Tag und handelt, ohne dabei auch nur im Geringsten die Folgen zu bedenken: Er kannte ja sehr wohl die verheerende Prophezeiung der brennenden Fackel, ebenso wie er von dem Pakt unter den Griechen wusste – aber keine dieser Vorkenntnisse bezog er in seine Entscheidungen mit ein. Ich fürchte, Sie alle sind schon solchen gut aussehenden aber substanzlosen Typen wie Paris begegnet. Sollten Sie verrückt genug gewesen sein, sich auf eine Beziehung mit einem von ihnen einzulassen, haben Sie es, wie ich vermute, hinterher sehr bereut.

Und was ist mit Helena? Wer war sie? Es zeigt sich, dass dies die weitaus schwierigere Frage ist. In einigen Varianten der Geschichte verliebt sich Helena Hals über Kopf in Paris und geht mit ihm fort in entbrannter Leidenschaft. Sie ist eine gleichberechtigte Partnerin in einer heißen, ehebrecherischen Affäre. In anderen Versionen muss Paris sich schon mehr bemühen, muss sie mit Schmeicheleien und großzügigen Geschenken umwerben, bevor sie endlich willens ist, ihren Gemahl und ihre Tochter zu verlassen. Vielleicht ist sie wankelmütig und vor allem auf Geld und Schmuck aus. In wieder anderen Versionen wird sie von Paris vergewaltigt und mit Gewalt fortgeschleppt. Ein Opfer brutaler sexueller Gewalt.

Und wie sieht es mit ihrem Leben in Troja aus? Egal wie es nun begann, insgesamt scheint ihre Affäre oder Ehe mit Paris sich zum Schlechten hin entwickelt zu haben. In der *Ilias* bereut sie die Verbindung und weiß, dass zukünftige Generationen ihr die Schuld am Krieg zuschreiben werden. Sie ist sich genau bewusst über ihren Platz in der Geschichte. Und dennoch scheint ihre Loyalität fest bei den Trojanern zu liegen – sie schilt Paris sogar für seine Zurückhaltung im Kampf gegen den Feind. In manchen Varianten der Sage versucht sie überdies, die Griechen zu entlarven, als diese, versteckt im Trojanischen Pferd, in die Stadt hineingelangen: Irgendwie misstraut sie diesem Geschenk, geht um das riesige Pferd herum und versucht, sie dort herauszulocken, indem sie die Stimmen ihrer Frauen nachmacht. In anderen Worten, sie ist Trojanerin geworden. In anderen Erzählungen aber ist sie erfreut darüber, dass die Griechen diese Stadt zerstören, in der sie als Gefangene lebte. In der letzten, schicksalsschweren Nacht Trojas unterstützt sie die Belagerer, sie sendet ihnen

Signale mit einer Fackel und stellt sich wieder auf die Seite von Menelaos, indem sie ihn bei dem Mord an Deiphobos, den sie als nächstjüngeren trojanischen Prinzen nach Paris' Tod heiratete, unterstützt.

Und was geschah mit ihr nach Trojas Fall? In manchen Versionen kehrt sie mit Menelaos nach Sparta zurück und richtet sich wieder in ein Eheleben ein. In anderen wird sie fast unmittelbar nach dem Krieg in den Olymp aufgenommen, um dort bei den Göttern zu leben. Einer weiteren Variante zufolge landet sie irgendwie auf der Insel Rhodos, wo sie erhängt wird, ein gewaltsames Ende eines Lebens, das maßlose Gewalt heraufbeschworen hatte.

Es gibt in der Tat so viele verschiedene und miteinander konkurrierende Geschichten über Helena, dass man kaum weiß, wie man nun damit umgehen soll. Aber eben dies führt mich zu einer letzten Version. Diese ist überhaupt nicht sehr verbreitet; sie ist irgendwie auch erstaunlich und hat auch keinen wirklichen Höhepunkt. Aber für mich ist es genau diese, die am meisten Sinn ergibt, die etwas zum Ausdruck bringt, was ich Ihnen gerne darlegen möchte.

Demnach war Helena niemals nach Troja gegangen.

Sicher, Paris dachte, er hätte sie mitgenommen, und sicher hatte er die Illusion, mit ihr als seiner Ehefrau zu leben. Am Ende des Krieges glaubte Menelaos, er hätte sie zurückerobert und dass sie es war, die er zurück nach Sparta führte. Aber die Helena, um die sie und die gesamte Welt kämpften, war ein reines Phantom, ein von Hera geschaffener, schlichter Helena-Ersatz, der Aphrodites Sieg schmälern sollte. Dieses Abbild hatte alles, was Helenas außergewöhnliche Schönheit ausmachte – und da jeder Mann sie ja nur ihrer Schönheit wegen anschaute, reichte das äußere Maß für eine perfekte

Täuschung auch völlig aus. Die wahre Helena verbrachte all die Kriegsjahre versteckt in Ägypten, sehr zu ihrem Kummer. Sie ist diejenige, der wir in Euripides' *Helena* begegnen. Diese Helena ist eine eher selbstbewusste und mitfühlende Persönlichkeit, die ihr Zuhause und ihre Familie vermisst. Sie fürchtet die Wirkung, die ihr Aussehen bei Männern auslöst, und über weite Teile des Stücks lebt sie in der Furcht, das Ganze könne sich wiederholen, denn der ägyptische Prinz Theoklymenos droht, sie zur Hochzeit zu zwingen. Sie ist entsetzt über all das, was in ihrem Namen passiert ist, und sie weiß, was dem zugrunde liegt.

>»Ich bin als Ungeheuer wohl zur Welt gebracht!
>[...] Und Hera teils, teils meine Schönheit trägt die Schuld.
>Oh, könnt ich, wie ein Bild verwischt, hinwiederum
>anstatt der Schönheit eine Mißgestalt empfahn!«

Diese Helena, die in der Antike sonst kaum irgendwo auftaucht, ist mehr als nur ihr hübsches Gesicht, und sie begreift, wie anders sich alles hätte entwickeln können, wenn nur auch die anderen dies erkannt hätten. Aber Paris und all die anderen sind nicht in der Lage, hinter die Äußerlichkeiten zu schauen. Sie verwechseln Gesicht oder Körper mit der ganzen Person. Und glauben Sie mir, diese Typen sind nicht die tollen Hechte, für die sie sich halten beziehungsweise als die sie sich präsentieren, sondern oberflächliche Einfaltspinsel von der Sorte, die auf dieser Welt viel zu viel Schaden anrichtet.

.

LAODAMEIA UND PROTESILAOS
Kriegsopfer

Der Name desjenigen Soldaten, der in einem beliebigen der jüngeren Kriege der Geschichte jeweils das allererste Opfer war, ist uns wohl kaum bekannt. Ich denke, auch für künftige Kriege, Konflikte und »kriegsähnliche Zustände« werden wir dies wohl leider kaum wissen. Die Menschen der Antike aber sind sich über die Identität des ersten Griechen, der vor Troja fiel, sehr einig. Sein Name ist Protesilaos. Einen ersten Blick auf ihn – und auf die Frau, die er zurückließ, wenn er auch nur sehr vage ist – erhaschen wir im sogenannten »Schiffskatalog« im Zweiten Gesang von Homers *Ilias*.

Nun beginnt ja die Handlung der *Ilias* eigentlich im zehnten und letzten Jahr des Trojanischen Kriegs, aber hier, ganz früh im Werk, erhalten wir eine Auflistung aller griechischen Befehlshaber, die sich mit Menelaos verbündet hatten, um Helena zurückzuerobern, wir erfahren, woher sie kamen und wie viele Schiffe voller Soldaten sie mit sich führten (ich überlasse anderen die Kontrolle, ob die Zahl sich wirklich auf Tausend beläuft). Dieser sehr berühmte Abschnitt des Werks zieht sich über Hunderte und Aberhunderte von Zeilen, und ich wette, ich bin nicht die Einzige, die das, nun ja, ein wenig langweilig findet. Dennoch erkenne ich natürlich an, dass dies ein absolut wichtiger Teil von Homers Epos ist. Etwa auf halber Strecke hören wir von den Soldaten aus Phylake, einer Region in Thessalien, die mit 40 Schiffen nach Troja gesegelt waren.

>Diesen herrschte voran der streitbare Protesilaos,
weil er lebt'; itzt aber umschloß ihn die dunkele Erde.
Einsam in Phylake blieb mit zerrissenen Wangen die Gattin
und sein verödetes Haus: ihn erlegt' ein dardanischer Krieger,
als er dem Schiff entsprang, zuerst vor allen Achaiern.«

Wir erfahren hier einen Namen und erkennen das Gerüst einer Geschichte: ein erwartungsvoller und entschlossener Befehlshaber, der nun tot ist, eine trauernde, sich selbstzerfleischende Witwe und einen Hinweis darauf, dass sie wohl noch nicht lange verheiratet waren (in der deutschen Übersetzung von 1751 ist dieser jedoch sehr subtil angebracht). Weitere Details lieferten uns erst spätere Dichter. Ich weiß nicht, ob sie uns Dinge berichten, die Homers ursprüngliche Leserschaft schon gewusst haben wird oder ob sie der Versuchung erliegen, die Grundzüge einer überlieferten Sage auszuschmücken. Ich werde es den Wissenschaftlern überlassen, dies zu klären. Was ich weiß, ist, dass dieser Mythos für mich einer der traurigsten ist.

Einige der ausführlichsten Versionen der Mythen stammen vom römischen Dichter Ovid. Seine *Metamorphosen* sind natürlich eine hervorragende Quelle – fast schon eine Enzyklopädie, aber viel spannender zu lesen. Viele Menschen sind mit seinen *Heroides* vermutlich weniger vertraut, jener Reihe von Gedichten, die in der Form von Liebesbriefen von einer mythologischen Gestalt an eine andere verfasst sind. Meist sind es die Frauen, die schreiben – und die Männer, die nicht antworten (manche Dinge ändern sich kaum). In den

Geschichten der *Heroides* wurden häufig die Frauen von ihren Geliebten sitzen gelassen. Das ist nicht der Fall bei Laodameia, da bin ich sicher, auch wenn wir nur ihre Seite der Korrespondenz kennen.

Sie schreibt, kurz nachdem Protesilaos die Reise nach Troja angetreten ist, und auch wenn sie eine Königin ist, könnte sie auch die Frau eines jeden modernen Soldaten sein, der in den Kampf geschickt wird. Wir erkennen deutlich, dass sie ihn tief und leidenschaftlich liebt. Sie schreibt darüber, dass ihr seit seiner Abreise die Energie fehlt, ihre Haare zu richten oder sich anzuziehen, dass ihr, wenn Freunde ihr raten, sich zu amüsieren, schon der Gedanke daran widerstrebt. Sie schwört, in Enthaltsamkeit zu leben, solange ihr Gemahl an der Front ist, zum Teil, weil ihr Enthaltsamkeit in Zeiten des Krieges angemessen zu sein scheint, zum Teil anscheinend aber auch aus einem Gefühl der Schuld heraus:

»Ich soll das Haar mir kämmen
und ihn drückt der Helm auf dem Haupte?
Ich trag ein neues Gewand, stahlharte Waffen mein Mann?
Nein, in Sack und Asche soll man mich sehn,
ein getreues Bild deiner Leiden im Krieg,
deren ich trauernd gedenk.«

Sie erwartet seine Rückkehr und beschreibt sinnlich das freudige Wiedersehen, wenn sie sich wieder in den Armen liegen. Sie erzählt ihm, wie sie täglich für seine sichere Rückkehr betet – und wie sie zu jeder Tageszeit immer wieder von einer grauenvollen Panik erfasst wird: »Doch mir wird angst, sooft mir der scheußliche Krieg in den Sinn kommt, wie wenn die Sonne den Schnee schmilzt, steigen Tränen mir auf.«

Wie viel Homers erste Leser über Protesilaos' Schicksal wussten, können wir heute zwar nicht genau sagen. Dass aber Ovids Leser mehr als ahnten, dass die Sache nicht gut ausgehen würde, das ist sicher. Laodameia schreibt ihrem Gemahl nach Aulis, wo die griechische Flotte auf dem Weg nach Troja in eine Flaute geraten war, was allein für sich genommen schon nichts Gutes verheißt. Kenner der Mythologie wissen, dass die Griechen dort gestrandet sind, weil Artemis (die römische Diana) ihnen grollt. Sie ist zum einen verstimmt, weil sie auf Trojas Seite steht, zum anderen, weil Agamemnon, der Anführer der Griechen, sie beleidigt hat. Der Wind wird erst wieder auffrischen und die Flotte weitersegeln können, nachdem Agamemnon seine Tochter Iphigenie geopfert hat, eine furchtbare Tat, die letztendlich zu seinem eigenen Tod führen wird.

Doch vorerst entsinnt sich Laodameia, dass Protesilaos, als er fortging, um sein Heer zu sammeln, auf der Schwelle stolperte. Sie mag es als Zeichen sehen, dass er nach Hause zurückkehren wird, aber selbst der amateurhafteste Zeichendeuter kann sich ausmalen, dass das Pech bedeutet. Schließlich erzählt Laodameia ihrem Gemahl von einer Prophezeiung, die, wie wir wissen, beider Schicksal besiegelt.

»Auch bestimmt den einen das Los zu traurigem Schicksal,
der von den Danaern einst Trojas als erster betritt
Arme Frau, die als erste den toten Gatten betrauert!
Geben die Götter, dass du nicht dieser Tapfre sein willst!
Sei unter tausend Schiffen das deine das tausendste Fahrzeug,
und es durchkreuze zuletzt das schon ermüdende Meer!
Dies auch schärf ich dir ein: Verlasse das Schiff erst als letzter.«

Die frischgebackene Braut (und baldige Witwe), tragischerweise in ein und derselben Person.

»Laodamia blickt dem Schiff ihres Gatten Protesilas nach«, 16. Jahrhundert. Illustration zu den *Heroides* in der Übersetzung von Octavien de Saint-Gelais. Paris, Bibliothèque Nationale

Zu der Zeit, als Ovid Laodameias Brief verfasste, herrschte in der Überlieferung eine gewisse Uneinigkeit darüber, ob Protesilaos der erste Grieche war, der vor Troja starb, oder ob er das erste Kriegsopfer überhaupt war. Bei Homer scheint er gleich beim Verlassen des Schiffs getötet worden zu sein; in anderen Versionen tötet er vier Trojaner, bevor er selbst getötet wird. Über zwei Dinge allerdings sind sich die späteren Dichter einig, nämlich, dass er, als er als Erster trojanischen Boden betrat, sein Schicksal besiegelt hatte. Ebenfalls alle Überlieferungen erzählen davon, wie er nicht durch die Hand von irgendeinem trojanischen Soldaten, sondern von der Hektors selbst, dem größten (und sympathischsten) aller trojanischen Helden, den Tod fand.

Laodameia weiß davon natürlich nichts, aber es ist irgendwie ergreifend, wenn sie an Protesilaos schreibt, sie habe von diesem Hektor gehört und man solle ihn am besten meiden. Aber das trojanische Heer ist voller Hektors, so fährt sie fort, und er solle sich von ihnen allen fernhalten. Hektor steht nun emblematisch für alle trojanischen Soldaten. Können wir uns nur so den Feind vorstellen und den Tod im Auftrag des Krieges uns als vernünftig erklären? Wenn wir die Toten, die durch die Taten unserer Lieben starben, ihrer Individualität berauben? Was ist dann mit den frisch vermählten Bräuten der trojanischen Soldaten? Laodameia kann nicht dagegen angehen, sich an ihre Stelle zu versetzen: Sie sind einerseits so viel besser dran als sie selbst, haben sie doch ihre Männer in der Nähe. Sollte ihnen aber irgendetwas zustoßen, würde ihr Schmerz umso schneller und heftiger eintreten.

Eines bricht mir das Herz, wenn ich Laodameias Brief in den *Heroides* lese. Sie selbst ist sich dessen nicht gewahr, wir aber wissen schon, dass ihr Schreiben den Tod ihres Mannes voraussagt. Ich weiß nicht, was schmerzlicher ist: dass wir nicht die Macht haben, ihn zurück in die Welt der Lebenden zu schicken, oder dass wir den Ausgang der Geschichte kennen. Denn auch sie wird sterben. In einer Version stürzt sie sich einfach auf den für Protesilaus errichteten Scheiterhaufen. Eine andere ist da viel romantischer.

In dieser kehrt Protesilaos nämlich doch noch zu seiner Laodameia zurück.

Nach seinem Tod ist sie so unglücklich, dass die Götter Mitleid mit ihr haben. Sie lassen ihn für drei Stunden aus der Unterwelt zurückkehren, und so sind die beiden Liebenden wieder vereint. Ich stelle mir gerne vor, dass ihre Begegnung so verläuft, wie Laodameia sie sich in den *Heroides* vorgestellt hat: Sie lieben sich zärtlich, sie sprechen miteinander und sie teilen sich alles mit, was sie in der Zeit des Getrenntseins erlebt haben. Glaubt Laodameia, dass er auf Dauer wieder lebendig geworden ist? Das bleibt unklar, aber als die drei Stunden vorüber sind und er in die Welt der Toten zurückkehrt, ist ihre Trauer noch größer als zuvor.

Ein Detail in den *Heroides* mutet ziemlich gruselig an. Laodameia schreibt Protesilaos, dass sie ein Abbild aus Wachs von ihm hat anfertigen lassen, so lebensecht, dass man, abgesehen von der Tatsache, dass es nicht spricht, denken könnte, es sei Protesilaos selbst: »Dies schau ich an und drück's an die Brust statt des richtigen Gatten und ich klag ihm mein Leid«, so beschreibt sie es. Ich glaube, diese besondere Wachsattrappe ist Ovids Erfindung. Wie so vieles andere in seiner Erzählung dient sie uns als Hinweis auf die folgenden Ereignisse, denn in den anderen Überlieferungen lässt sie das Abbild erst nach seinem Tod machen. Einige Autoren beschreiben das lebensechte Modell als eines aus Wachs, andere als eines aus Bronze. Auf jeden Fall ist ihre Hingabe zu diesem Abbild so groß, dass alle um sie herum sich um ihren gesunden Verstand sorgen. Sie ist nicht Pygmalion, und ihre Statue wird nie lebendig werden. Als ihr Vater ihre übertriebene Hingabe bemerkt, packt er die Statue und wirft sie in die Flammen. Laodameia springt hinterher und kommt dabei um. Hatte sie da schon den Verstand verloren und glaubt, dass es Protesilaos selbst ist, den sie aus dem Feuer retten muss? Oder ist dies einfach der letzte und verzweifelte Ausdruck einer solch unermesslichen Trauer, dass sie das Leben nicht länger erträgt? Ich kann es nicht entscheiden. Was ich sagen kann: Die Sage von Laodameia und Protesilaos verleiht der Tragödie des Trojanischen Krieges ein sehr menschliches Antlitz.

HERMAPHRODITOS UND SALMAKIS
Liebe, verschmäht

Nomen est omen – wörtlich übersetzt:»der Name ist ein Zeichen« – dieses lateinische Sprichwort trifft wohl auf keine Gestalt der Mythologie mehr zu als auf den armen Hermaphroditos, dessen Geschichte Ovid in den *Metamorphosen* erzählt. Als Sohn von Hermes und Aphrodite (also von Merkur und Venus) besaß er die Schönheit seiner beiden göttlichen Eltern und einen Namen, der sowohl männlich als auch weiblich war, obwohl er nicht mit einem unbestimmten oder doppelten Geschlecht geboren wurde. Der Sage nach war Hermaphroditos ein ausgesprochen gut aussehender junger Mann, der aber – was für den Sohn der Venus ja durchaus erstaunlich, zuminndest jedoch bemerkenswert erscheint – in Bezug auf die Liebe unerfahren und offenbar auch uninteressiert war. Im Alter von 15 Jahren verlässt er die Obhut seiner Pflegemütter – die Nymphen vom Berg Ida –, um in die Welt hinauszugehen. Nach einer Weile stößt er auf eine wunderschöne, kristallklare Quelle, das Reich der Wassernymphe Salmakis.

Während ihre Nymphenschwestern der Gefolgschaft der Jagdgöttin Artemis angehören (also der römischen Diana), hat Salmakis für diese körperlich anstrengenden Betätigungen nichts übrig. Sie weilt lieber an ihrer Quelle, badet im kühlen Nass, bewundert ihr Spiegelbild auf der Wasseroberfläche und ruht an den grünen Ufern. Hin und wieder rafft sie sich mal dazu auf, ein paar Blumen zu pflücken, und genau dabei erblickt sie eines Tages den schönen Hermaphroditos, in den sie sich sofort verliebt. Sie geht auf ihn zu und fragt, ob er Amor selbst und ob er einer anderen Frau versprochen sei. Sie bietet sich ihm selbst als Braut. Der unerfahrene junge Mann weist ihre Avancen erschrocken zurück. Unverzagt bittet sie ihn um einen Kuss und versucht ihn zu umarmen – er aber droht damit, sofort aufzubrechen, wenn sie nicht aufhört. Hermaphroditos scheint sich der erotischen Seite von Salmakis' Anziehungskraft überhaupt nicht bewusst zu sein, ebenso wenig wie der Wirkung seines Aussehens auf sie. Wie sonst wäre es zu erklären, dass er, nachdem er sie ein für alle Mal gebeten hat, ihn allein zu lassen, sich die Kleider vom Leib streift und nackt in ihrer Quelle badet?

Jetzt ist die Versuchung zu groß für Salmakis. In Leidenschaft entbrannt verliert sie jegliche Selbstkontrolle und entledigt sich ebenfalls ihrer Kleider, springt zu ihm ins Wasser, schließt ihre Arme um seinen nackten Körper, küsst ihn wild und liebkost ihn, während er verzweifelt versucht zu entkommen. Je mehr er versucht, sich zu befreien, desto fester wird ihre Umklammerung; es ist, als sei er ein Baum, der von Efeu erwürgt wird, ein Meerestier, das von den Tentakeln eines Kraken gepackt wird. Und doch kann Salmakis ihn nicht freigeben. Verzweifelt ruft sie die Götter um Hilfe an und bittet sie, ihn nie wieder von ihr zu trennen. Ihrer Bitte wird sogleich entsprochen, und die Körper von Hermaphroditos und Salmakis verschmelzen miteinander. Nun sind sie nicht mehr zwei Wesen, sind weder ein Mann noch eine Frau, sie sind gleichzeitig keines von beidem und doch beides. Der erste Zwitter der Welt ist geboren.

*Die Nymphe Salmakis, letztlich eben
doch eine Jägerin, pirscht sich an ihr
Opfer heran.*

Bartholomäus Spranger: »Salmacis
und Hermaphrodit«, 1581. Öl auf
Leinwand, 110 x 81 cm. Wien, Kunsthistorisches Museum

Seit der Sage von Hermaphroditos hat die Menschheit einen weiten Weg hinter sich gebracht, und dies ist einer der Liebesmythen, auf den ich ein besonders kritisches Auge werfen möchte. Zuerst einmal wissen wir heute, dass es so etwas wie einen wirklichen Zwitter bei den Menschen gar nicht gibt. Im Tier- und Insektenreich gibt es zwar Lebewesen, die sowohl männliche als auch weibliche Fortpflanzungsorgane haben, die Menschen aber, die man früher Zwitter nannte, werden heute eher als intersexuell bezeichnet, denn sie werden mit Genitalien und Fortpflanzungsorganen geboren, die sowohl männliche als auch weibliche Merkmale aufweisen, von denen aber keines eindeutig ausgebildet ist. In der Vergangenheit führten übereilte, wenn auch häufig gut gemeinte Versuche vonseiten der Eltern oder Ärzte, den Zustand mittels vorschneller Geschlechtsfestlegungen oder radikaler Eingriffe »zu heilen«, oft zu furchtbarem Kummer und Leid. Heute stößt dieses Thema auf eine viel größere Sensibilität und gleichzeitig mehr Verständnis. Außerdem nehmen immer mehr Menschen, die mit unbestimmten Geschlechtsmerkmalen geboren wurden, ihre körperlichen Voraussetzungen einfach als gegeben an, selbst wenn sie sich entweder stärker als Mann oder als Frau identifizieren.

Der Unterschied zwischen ihnen und Hermaphroditos könnte nicht größer sein, denn seine Verwandlung erfolgte zwar durch einen Akt der Götter, aber dem schönen Jüngling wurde diese doppelte sexuelle Identität gegen seinen Willen übergestülpt. Die Quelle der Salmakis, einst berühmt für ihr kristallklares Wasser und ihre saftigen grünen Ufer, wird durch diese Geschichte zu einem Ort der Niedertracht. Der Hermaphroditos, der dort lebt, ist eine schwächliche und groteske Gestalt, und jeder, der dumm genug ist, nach ihm in der Quelle zu baden, wird ebenso unmännlich und verweichlicht daraus emporsteigen. In der antiken Sagenwelt ist ein Zwitter etwas Schändliches: nicht mehr ein ganzer Mann zu sein, sondern nur noch ein halber. Und hier haben wir dann auch einen weiteren Grund, warum ich mich mit dieser Sage nicht anfreunden kann. Nicht nur vermittelt sie diese negative Haltung gegenüber intersexuellen Menschen, sie ist darüber hinaus auch noch zutiefst frauenfeindlich. Nachdem Salmakis und Hermaphroditos miteinander vereint wurden, scheint es für ihn nicht das Schlimmste, nur noch ein halber Mann zu sein. Zu seiner größten Schande ist er nun eine halbe Frau.

NARZISS
Liebe, unerwidert

W arum bloß, so frage ich mich, sind manche Mythen so viel bekannter als andere? Viele von Ihnen werden weitaus vertrauter sein mit der Geschichte von Narziss und Echo als mit der von Hermaphroditos und Salmakis, dabei betrachte ich die beiden als Pendants. Auch hier wieder verschmäht ein schöner Jüngling die Avancen einer Nymphe und hat eine unselige Begegnung mit Wasser. Wir wissen, wie die Geschichte ausgeht: Narziss, der sich an einer Quelle in sein eigenes Spiegelbild verliebt, stirbt an gebrochenem Herzen, und sein Körper wird in die bekannte Frühlingsblume mit der im Wind nickenden Blüte verwandelt, die nach ihm benannt ist. Ich muss zugeben, es gibt hierbei ein paar Dinge, über die ich mir immer schon den Kopf zerbrochen habe, sie sind aber eher botanischer als sexueller Natur. Zum einen: Narziss ist kein besonders liebenswerter Zeitgenosse, und doch gibt es kaum einen Anblick, der einen mehr erfreut als im Frühling die ersten Narzissen. Zum anderen: Haben Sie schon mal eine Gruppe Osterglocken gesehen, die direkt am Wasser wachsen? Ich habe ein Haus an einem See – daher weiß ich, dass die Narzisse, im Gegensatz zur Iris, die gerne nasse Füße hat, auf trockenerem Boden besser gedeiht. Aber egal. Die wahre Bedeutung der Sage des Narziss liegt woanders, denn außer einer Blume gibt sie ihren Namen auch einem bestimmten Verhalten, und das finde ich sehr viel interessanter.

Das Lexikon definiert einen Narzissten als jemanden, der eine exzessive Eitelkeit oder Selbstverliebtheit an den Tag legt, aber so liegen die Dinge bei Narziss anfangs gar nicht. Denn, sehen Sie genau hin: Sein Problem ist ja nicht in erster Linie, dass er sich selbst liebt, sondern dass er, genau wie Hermaphroditos, niemanden liebt. Die Nymphe Echo ist nur eine von vielen, die sich nach ihm verzehren und abgewiesen werden – Letzteres nicht ganz ohne Grund, könnte man sagen. Vielleicht haben wir alle das schon einmal bei Verliebten beobachtet, und auch Echo zeigt diesen ziemlich peinlichen und nervigen Charakterzug: Ob sie eine eigene Meinung hat oder nicht, sie plappert alles nach, was Narziss sagt, als gäbe es nichts anderes von Bedeutung. Wäre er in dieser Phase ein echter Narzisst gewesen, hätte das wohl schon ausgereicht, um ihn für sich zu gewinnen – tat es aber nicht. Er verbannt sie aus seinem Blickfeld, und zumindest dafür kann man ihm wirklich keinen Vorwurf machen. Oder könnten Sie jemanden lieben, der so kläglich seinen Teil zur Konversation beiträgt?

Anders als die hartnäckige Salmakis resigniert aber Echo an diesem Punkt und zieht sich mehr oder weniger aus der Geschichte zurück. In ihrem Kummer schwindet sie dahin, übrig bleibt von ihrer körperlichen Präsenz nur die Stimme, die alles wiederholt, was in ihrer Nähe gesprochen wird. Sie scheint allerdings nicht dabei zu sein, als ein anderer Möchtegernliebhaber jenen Wunsch an die Götter richtet, der Narziss zerstören wird.

Bestimmte Arten homosexueller Beziehungen waren in der römischen Gesellschaft nicht mit einem Stigma belegt –

mehr hierzu später –, und es erübrigt sich beinahe zu erwähnen, dass jemand, der so schön war wie Narziss, die Aufmerksamkeit von den Männern ebenso wie die von den Frauen auf sich zog. Der Narziss-Mythos beinhaltet einige Aspekte, die heutzutage als problematisch und nicht politisch korrekt angesehen werden. Die Selbstverständlichkeit der Tatsache aber, dass Narziss für Männer und Frauen attraktiv erscheint, ist keiner davon. Narziss verschmäht nämlich alle seine Verehrer und Verehrerinnen mit gleicher Missachtung. Zu dieser traurigen zurückgewiesenen Schar gehört ein namenloser junger Mann, der in der Geschichte eine kleine, aber wichtige Rolle spielt. In seinem Schmerz ruft er die Götter an und bittet sie einfach nur darum, dass Narziss selbst erfahren möge, wie es ist, Narziss vergeblich zu lieben. Und die Götter erfüllen seinen Wunsch.

Eines Tages kniet Narziss erhitzt und erschöpft nach der Jagd an einer Wasserquelle nieder, um seinen Durst zu löschen. Er ist berauscht von dem, was er sieht: einen jungen Mann von außergewöhnlicher Schönheit, mit einer Haut fein wie Marmor und einem Gesicht wie das eines Gottes. Als er sich weiter hinunterlehnt, kommt die Figur im Wasser ihm näher. Wenn er spricht, spricht auch der Jüngling im Wasser. Wenn er die Hand zur Berührung ausstreckt, wird die Geste erwidert. Ihre Gesichter nähern sich in Erwartung eines ersten Kusses – aber die Wasseroberfläche lässt sie nicht zueinanderkommen.

So wie es vielleicht unfair ist, dem Sagenheld, der nicht wusste, dass er seine Mutter geheiratet hatte, einen Ödipuskomplex zuzuschreiben, so ist es an dieser Stelle auch etwas unfair, Narziss Narzissmus zu unterstellen. Schließlich ist er sich nicht darüber bewusst, dass der schöne junge Mann, in den er sich so tief und leidenschaftlich verliebt hat, sein eigenes Spiegelbild ist. Aber sogar in dieser Phase ist diese Liebe zwanghaft und zerstörerisch. Narziss kann seine Augen nicht von diesem neuen Geliebten nehmen und verliert jegliches Interesse an allem anderen. Er mag nicht schlafen und kann nichts essen und so siecht er langsam dahin. Die Leidenschaft ist destruktiv. Ich frage mich, ob dies nach Auffassung der Griechen und Römer zumindest zum Teil daran liegt, dass die Liebenden zu perfekt zusammenpassen. Wenn auch die Liebe zwischen Männern akzeptiert wird – und in der Tat hält Narziss es nicht einmal für nötig zu erwähnen, dass er sich in einen Mann und nicht in eine Frau verliebt hat –, so gibt es doch strenge Grenzen, die wir kaum nachvollziehen können. Das Objekt der Begierde eines Mannes hatte jünger und weniger mächtig zu sein als er selbst – ein Jüngling, sogar ein junger Sklave – und auf jeden Fall der passive Partner. Die sexuelle Beziehung ist eine hierarchische. Die Tatsache, dass hier keine Hierarchie besteht – dass Narziss und sein Geliebter in der Tat nicht gleicher sein könnten –, mag den Menschen der Antike problematisch erschienen sein.

Aber natürlich erkennt Narziss am Ende, dass der junge Mann im Wasser sein eigenes Spiegelbild ist und dass er sich somit selbst liebt. Man sollte denken, das könnte dem Ganzen eine glückliche Wendung geben, aber nein, es wird alles noch schlimmer. Eine weitere Definition im Lexikoneintrag beschreibt Narzissmus als Persönlichkeitsstörung, als einen krankhaften Zustand, in dem man aus Selbstbezogenheit und Selbstüberschätzung emotionale oder erotische Bestätigung zieht. Narziss' Schicksal ist genau in dem Moment besiegelt, als er realisiert, dass er selbst sein eigener Geliebter ist. Als er immer wieder umsonst im Wasser den jungen

Ungeachtet dessen, dass die Blume auf dem Bild aus einem symbolträchtigen Ei heraus entsprießt, bannt Dalí hier die sterile Kälte von Narziss' Selbstverliebtheit auf die Leinwand.

Salvador Dalí: »Metamorphose des Narziß«, um 1937. Öl auf Leinwand, 50,8 x 78,2 cm. Tate Gallery, London

Mann, den er dort sieht, zu fassen versucht, beklagt er sein Leid: Ihm wird versagt bleiben, das Objekt seiner Liebe zu berühren. Als ihm klar wird, dass er selbst jener Jüngling ist, ein echter Körper in unmittelbarer Reichweite, wird sein Schmerz und seine Enttäuschung nur noch größer. Woody Allen sagte einmal, das Gute an Selbstbefriedigung sei, dass es Sex ist mit jemandem, den man liebt. Dies ist offensichtlich kein Gedanke, der jemals einer Gestalt der griechischen oder römischen Mythologie in den Sinn käme – und wohl auch von den echten Griechen oder Römern nicht offen anerkannt worden wäre. Narziss' Selbstverliebtheit schließlich kann niemals Erfüllung finden, und so stirbt er keusch und kummervoll.

IPHIS UND IANTHE
Liebe jenseits der Geschlechtergrenzen

Soweit ich weiß, wird der Mythos von Iphis und Ianthe nur an einer einzigen Stelle erzählt, und zwar im neunten Buch von Ovids *Metamorphosen*, und es ist gut möglich, dass er Ovids eigene Erfindung ist. Die Geschichte ist nicht besonders bekannt, taucht jedoch für gewöhnlich immer dann auf, wenn Wissenschaftler nach einem Beleg für Liebe zwischen Frauen im antiken Rom suchen (obwohl sie eigentlich in Griechenland spielt). Einige Aspekte der Geschichte könnte man an und für sich für sehr fortschrittlich halten: Es ist nicht nur eine Geschichte von zwei Frauen, die sich ineinander verlieben, sondern auch eine, die mit falscher Geschlechtszuweisung beginnt und mit einer Geschlechtsumwandlung endet (auf übernatürliche und mythische Weise allerdings, nicht durch einen chirurgischen Eingriff, aber das ist ja auch eigentlich nur nebensächlich, nicht wahr?). Und ich kann Ihnen noch eine andere Geschichte erzählen, eine wahre Geschichte aus dem frühen 20. Jahrhundert, die auf den ersten Blick auch modern wirkt und den Mythos von Iphis und Ianthe ins Gegenteil umzukehren scheint, eigentlich aber nur eine merkwürdige Wiederholung davon darstellt. Letztlich zeigt keine der beiden Geschichten besondere Aufgeschlossenheit, und keine der beiden halte ich für Exempel des fortschrittlichen Denkens.

Auf der Insel Kreta lebten einst ein armer, aber ehrbarer Mann mit dem Namen Ligdus und seine Frau Telethusa. Als sie schwanger wird, äußert Ligdus zwei Wünsche: Die Geburt soll für Thelethusa so schmerzfrei wie möglich ablaufen, und sie soll einen Jungen zur Welt bringen, da Mädchen immer nur Ärger ins Haus bringen und schwache Geschöpfe sind. Nun gut, der erste Wunsch scheint Ligdus ja noch als einfühlsamen, liebenden Ehemann zu zeigen, einen netten Kerl, mit dem zweiten aber stößt er uns doch völlig vor den Kopf. Von jetzt an kommt es dann auch nur noch immer schlimmer: Telethusa soll Ligdus versprechen, das Neugeborene zu töten, sollte es doch ein Mädchen werden. Und Ovid scheint Ligdus dafür nicht einmal zu verurteilen; vielmehr zeigt er ihn derart, als würde er nur aus Kummer und Sorge (er weint die ganze Zeit) so handeln und könne nicht anders entscheiden. Kindstötung war den Griechen und Römern nichts Unbekanntes, und obwohl in den bekanntesten Geschichten die Söhne, wie Ödipus und Paris, zum Sterben ausgesetzt werden, waren doch in Wirklichkeit die Opfer mit viel größerer Wahrscheinlichkeit Mädchen. Leider galten oft in bäuerlich geprägten Gemeinschaften, in denen die Menschen kaum von ihrem Land leben konnten, Söhne mehr als Töchter, denn sie konnten die härtere Arbeit verrichten.

Für Telethusa jedenfalls ist das alles unvorstellbar. In ihrer Verzweiflung erscheint ihr kurz vor der Niederkunft Isis. Die Göttin des Mondes und der Mutterschaft (das Erscheinen einer ägyptischen Gottheit in einer römischen Erzählung einer angeblich griechischen Sage ist nicht so rätselhaft, wie es scheinen mag; die Götter des Mittelmeerraums hielten sich in der Antike nicht an starre Grenzen) steht vor Thelethusas Bett und rät ihr, nicht auf den Gemahl zu hören: Sie solle das

Kind behalten, egal welches Geschlecht es haben werde, und sie solle sicher sein, dass die Göttin ihr helfen werde, wenn sie in der Stunde der Not zu ihr bete. Die Geburt ist schmerzvoll, und das Baby ist ein Mädchen. Keiner von Ligdus' Wünschen wird somit gewährt. Zumindest von einer der beiden Enttäuschungen erfährt er gar nichts: Telethusa sagt ihm, er habe einen Sohn. Das Gegenteil findet er nie heraus – woraus wir wohl lernen können, dass, zumindest in Ovids Sagen, Männer niemals ihre Kinder wickeln oder baden. Das Kind wird als Junge großgezogen und heißt Iphis, ein Name, der für beide Geschlechter gilt.

Die andere Geschichte aus dem 20. Jahrhundert spielte sich in Deutschland ab. Sie wurde in einem Buch erzählt, das 1907 unter dem Pseudonym »N. O. Body« mit dem Titel *Aus eines Mannes Mädchenjahren* veröffentlicht wurde und damals viel Wirbel verursachte. Zahlreiche Details waren zwar abgeändert worden, um die Identität des Autors zu verschleiern, aber dem Historiker Hermann Simon gelang es, in einer mühevollen Recherchearbeit die wahre Identität des Autors aufzudecken. Karl M. Baer, so der richtige Name von N. O. Body, wurde nach seiner Geburt trotz Zweifeln an seinem wahren Geschlecht als Martha Baer (im Buch Nora) in das Geburtsregister der Stadt Bad Arolsen (im Buch Bergheim) eingetragen und von seinen Eltern als Mädchen großgezogen.

In beiden Geschichten, sowohl der antiken wie auch der modernen, geht alles mehr oder weniger glatt, bis das Kind in die Pubertät kommt. Den Leuten fällt auf, dass Nora / Martha eine ungewöhnlich tiefe Stimme hat, dass sie sich für ein Mädchen viel zu ungestüm verhält und viel zu sehr an Naturwissenschaften interessiert ist, aber sie lässt sich davon nicht beirren. Über Iphis hören wir, dass sie feine androgyne Züge hatte und in jedem Fall als schön angesehen worden wäre, als Mann ebenso wie als Frau. Problematisch wird es, als beide sich in ein anderes Mädchen verlieben. In Noras / Marthas Fall war dies eine junge Frau aus der Ukraine mit dem Namen Hanna Bernadowna (im Buch) beziehungsweise Beile Halpern im wahren Leben; in Iphis' Fall ist es die blonde Ianthe, eine Freundin aus Kindertagen. Diese beiden passen in fast jeder Hinsicht perfekt zusammen − vielleicht sollte ich sagen, in einer Hinsicht zu perfekt! Die beiden verloben sich. Ianthe ist überglücklich und freut sich auf die Hochzeit und auf die Hochzeitsnacht. Iphis, die ihr Geheimnis noch wahrt, liebt sie ebenso leidenschaftlich − und ist entsetzt über ihr sexuelles Verlangen nach einer anderen Frau. Das ist abscheulich und unnatürlich, sagt sie sich in einem der Monologe, von Ovid meisterhaft gedichtet: Keine Kuh liebt eine andere Kuh, keine Stute eine andere Stute; der Schafsbock paart sich mit dem Schaf, der Hirsch mit dem Reh. Im ganzen Tierreich, so klagt sie, komme es niemals vor, dass zwei Weibchen ein Paar bilden (heute wissen wir, dass das nicht stimmt). Nicht einmal Pasiphaes Liebe zu dem Stier war so ungeheuerlich wie die Liebe, die Iphis für Ianthe empfindet. Zwar überschritt Pasiphae die Grenze zwischen den Arten, aber ihre Liebe war »wenigstens« heterosexuell. Ovid mag eine gewisse Freude an diesem letzten Beispiel empfunden haben, aber seine Abscheu vor dem, wie wir sagen würden, lesbischen Verlangen ist offensichtlich völlig ernst gemeint, und er steht damit auch nicht allein.

Wie wir gesehen haben, waren die Römer, wie auch schon die Griechen vor ihnen, bestimmten Konstellationen männlicher Homosexualität gegenüber mehr als tolerant. Zeus

*Es ist schon sonderbar, dass in eini-
gen Geschichten die Liebe zwischen
zwei Frauen nur dadurch realisierbar
wird, dass eine der beiden Frauen sich
letztlich als Mann erweist.*

Billy Wilder: »Manche mögen's heiß«,
Filmstill aus dem Film von 1959 mit
Jack Lemmon, als Frau verkleidet,
und Marilyn Monroe

galt wegen seiner Liebe zu Ganymed keineswegs als weniger männlich, und Kaiser Hadrian machte keinen Hehl daraus, unzählige Statuen seines schönen Günstlings Antinoos in Auftrag gegeben zu haben. Die Liebe zwischen Frauen allerdings wurde in einem völlig anderen Licht gesehen. Zwar sollen im antiken Griechenland, insbesondere auf der Insel Lesbos, sexuelle Beziehungen ein normaler Bestandteil einer Freundschaft zwischen Frauen gewesen sein. Ein Beleg dafür findet sich in dem großartigen Gedicht von Sappho, die auf der Insel einen weiblichen Kult gegründet haben soll, der der Aphrodite und den Musen geweiht war – und die Worte »lesbisch« und auch »sapphisch« sind ja fest in unserem Sprachgebrauch integriert. Es gibt jedoch reichlich Hinweise darauf, dass die Römer – oder zumindest die römischen Männer – hierfür keinerlei Toleranz aufbrachten. Im besten Fall machten sie sich darüber lustig, im schlimmsten Fall waren sie angewidert bei dem Gedanken an eine Frau, die eine andere sexuell befriedigt. Die italienische Historikerin Eva Cantarella rekonstruiert die römische Denkweise folgendermaßen:

»Indem [Lesbierinnen] mit anderen Frauen Sex haben, reißen sie ein Vorrecht der Männer an sich: das Recht, Lust zu schenken. [...] In der römischen Vorstellung konnte weibliche Homosexualität nur bedeuten, dass eine Frau versuchte, einen Mann zu ersetzen, sowie den Versuch einer weiteren Frau, aus gleichgeschlechtlichem Sex die Befriedigung zu erlangen, die nur Männer in der Lage waren zu geben.«

Während eine heutige Version der Sage von Iphis und Ianthe damit enden könnte, dass Iphis ihre Verkleidung als Mann abstreift und die beiden Frauen sich als das umarmen, was sie sind, so stellt dies im römischen Kontext natürlich ein Ding der Unmöglichkeit dar. Stattdessen passiert etwas anderes Unmögliches, was aber für die Leserschaft der Antike viel leichter zu akzeptieren ist.

Als die Hochzeit von Iphis und Ianthe nicht weiter hinausgezögert werden kann, entsinnt sich Telethusa an das Versprechen der Isis. Sie sucht ihren Tempel auf und sendet ein hilfesuchendes Gebet an Isis. Der Tempel beginnt zu beben, und die Isisstatue auf dem Altar scheint sich wie von selbst zu bewegen; von den sichelförmig gebogenen Hörnern auf ihrer Stirn gehen Lichtstrahlen aus. Telethusa weiß nicht so genau, was das zu bedeuten hat, nimmt es aber eher als gutes Zeichen denn als schlechtes und verlässt zusammen mit ihrer Tochter den Tempel. Während die beiden sich vom Tempel entfernen, wird Iphis' Schritt immer länger, die Gesichtsfarbe dunkler, die Gesichtszüge erscheinen markanter. Ovid ist in seiner Beschreibung zurückhaltend hinsichtlich anderer körperlicher Veränderungen, fasst sie aber kurz und bündig so zusammen: »... denn ein Jüngling bist du, die du ein Weib jüngst warst. Bringt Gaben zum Tempel; freut euch vollen Vertrauns!«

Ein Wunder ist geschehen, und die Hochzeitsnacht erfolgt im Rahmen aller altehrwürdigen und traditionellen Bräuche. Bevor der Morgen anbrach, so erzählt uns Ovid, hatte Iphis sich als junger Mann mit seiner Ianthe vereinigt.

Und was ist nun mit unserem Fall aus dem 20. Jahrhundert? Je leidenschaftlicher Noras/Marthas Gefühle Hanna/Beile gegenüber wurden, desto größer ihre Not. Sie gerät in eine tiefe Depression und denkt angesichts der Hoffnungslosigkeit ihrer Liebe sogar an Selbstmord:

»Wir erwogen unsere Zukunftsaussichten. Was sollte aus uns werden? Da war kein Weg und keine Rettung, deshalb beschlossen wir zu sterben.« [N. O. Body]

Sie geht sogar so weit, sich über einen jungen Arzt aus ihrem Bekanntenkreis Morphium zu besorgen, um sich das Leben zu nehmen. Als dieser ihr gegenüber Annäherungsversuche macht, ohrfeigt sie ihn angewidert. Ist dies letztlich der Moment, in dem Martha ihrer heterosexuell ausgeprägten Männlichkeit nicht mehr entgehen kann? Die Szene wirkt beinahe komisch, sie bringt aber auch eine Abscheu gegen Homosexualität zum Ausdruck. Für N. O. Body ist sowohl die männliche als auch die weibliche Homosexualität etwas Unmögliches.

Die Lösung der Geschichte kommt durch die Fürsorge eines anderen Arztes – wen wundert es, denn in jenem Deutschland um die Jahrhundertwende galten die Ärzte ja in der Tat beinahe als Götter. Martha hat sich beim Abspringen von einer Straßenbahn den Fuß verletzt, und der Arzt, der ihre Verletzung versorgt, findet sie in Tränen vor. Martha weint vor Kummer, nicht vor körperlichem Schmerz, und vertraut sich ihm an:

»Ich erzählte ihm die Geschichte meiner Kindheit, das Geheimnis meines Körpers, sprach ihm von den zahlreichen Leiden und Demütigungen der verflossenen Zeit. [...]
›Wollen Sie Ihrer Freundin nahe sein und können Sie ihr eine Zukunft sichern, so heiraten Sie sie doch!‹ [antwortete er]. ›Sie sind gerade so gut ein Mann wie ich auch!‹
Da sei nur eine kleine Operation nötig, die er mir erklärte. [...]
Die Behörden könnten ihre Einwilligung zu meiner Umwand-

lung nicht verweigern, und dann könnte ich meine Freundin mit gutem Gewissen heiraten. Mir war es, als fielen dunkle Schleier von meinen Augen. Der Arzt hatte recht. Körperlich war ich ein Mann.«

Und so bekommt Iphis, das Mädchen, das eigentlich als Junge großgezogen wurde, Ianthe am Ende. Bei Nora/Martha, die als Mädchen erzogen wurde, stellt es sich heraus, dass sie immer schon ein Junge war, und schließlich kann er als Norbert/Karl seine Hanna/Beile heiraten. Vielleicht empfinden Sie das alles als eine ganz befriedigende Lösung. Als Sexualtherapeutin stört mich allerdings eine Botschaft, die gar nicht so tief unter der Oberfläche beider Geschichten liegt: Das einzig denkbare Happy End scheint in beiden Fällen lediglich die heterosexuelle Lösung zu sein.

DANAË
Goldene Maßstäbe

Der frühe griechische Philosoph Xenophanes warf der Menschheit vor, dass sie sich die Götter allzu sehr wie Sterbliche vorstelle, also wie Männer und Frauen mit menschlichen Gesichtern und Körpern, die sich kleiden, ausdrücken und benehmen wie Menschen. In Thrakien, so seine kritische Beobachtung, haben Götter in der menschlichen Vorstellung rote Haare und blaue Augen, so wie die Einwohner selbst; in Äthiopien wiederum stellt man sie sich mit schwarzer Haut vor. Hätten Pferde und Ochsen Hände und könnten sie damit zeichnen, dann sähen ihre Götter aus wie Pferde und Ochsen. Er unterstellt, schon eine Vorstellung an sich sei absurd.

Nun ist es aber auch gerade dieser Anthropomorphismus, der die Bewohner des Olymp so interessant für uns macht, und das auch heute noch. Wir haben das Gefühl, dass wir uns mit den griechischen und römischen Göttern und Göttinnen mit all ihren augenscheinlichen kleinen Sünden und Machtspielen identifizieren können. Er kann ja auch sehr bürgerlich wirken, dieser Kosmos der Griechen und Römer. Zeus/Jupiter kommt oft vor allem als Geschäftsmann mittleren Alters daher, der eine langweilige Ehe führt und immer auf der Suche nach neuen Liebesabenteuern ist. Nur hat Xenophanes hier ein wichtiges Detail missverstanden. Wenn sein sexuelles Verlangen ganz besonders groß wird, nimmt Zeus in den seltensten Fällen die Gestalt eines anderen Mannes ein, sondern meistens die eines Tieres. Wir Menschen können uns nämlich die Götter auch in Gestalt von Rindern oder sonstigen Wesen vorstellen. Wohl wahr, als er die verheiratete Alkmene verführen wollte, nahm er die Gestalt ihres Ehemannes Amphitryon an. Aber er schlief mit Leda in der Gestalt eines Schwans, er entführte Europa in der Form eines weißen Stieres. Darüber hinaus habe ich den Eindruck, als machten diese »tierischen« Verkleidungen Zeus' Liebesspiele umso lebensnaher. Was hier entfesselt wird, ist eine animalische Leidenschaft, eine sexuelle männliche Aggression, die nicht der Kontrolle des menschlichen Verstandes untersteht.

Aus genau diesem Grund sticht ein Mythos, in dem es um einen wandelbaren Zeus geht, der sich an einer sterblichen Frau vergeht, als ein besonderer hervor. Ich denke dabei an die Sage von Danaë.

Zu einer selbst nach den Maßstäben griechischer Mythologie alten Zeit gab es in Argos einen König namens Akrisios und seine Frau, die in einigen Quellen Eurydike heißt (bei der es sich aber nicht um die Eurydike handelt, der Orpheus in die Unterwelt folgt) und Aganippe in anderen. Sie hatten eine Tochter, Danaë, konnten aber keinen männlichen Erben empfangen. Rat suchend wandten sie sich daher an das Orakel von Delphi. Jedoch erhielten sie keine der erhofften Lösungen, stattdessen gab das Orakel ihnen eine düstere und unerwartete Warnung mit: Akrisios würde nie einen eigenen Sohn haben, aber durch die Hand seines Enkelsohns sterben.

Wir haben ja nun genug Mythen kennengelernt, um sofort zu durchschauen, dass jeder, der versucht, eine solche

Erfolglos versucht die alte Dienst-
botin, etwas von dem abzubekommen,
was Danaë da zufällt; wie ein Ein-
dringling wirkt sie in dieser Szene der
alleinigen Glückseligkeit.

Tizian, eigentl. Tiziano Vecelli(o).
»Danaë«, 1553. Öl auf Leinwand,
129 x 180 cm. Madrid, Museo del Prado

Prophezeiung zu verhindern, von vornherein zum Scheitern verurteilt ist. Die mythologischen Gestalten selbst aber sind in dieser Hinsicht erstaunlich ahnungslos. Akrisios versuchte also, die Prophezeiung zu vereiteln: Er würde einfach dafür sorgen, dass seine Tochter ein jungfräuliches Leben führte und unberührt sterben würde. Er schloss sie ein – in einen Turm in einigen Erzählungen, in ein unterirdisches Gemach mit einem zum Himmel hin offenen Dach in anderen. Dort schmachtete sie so vor sich hin, bis irgendwann das Auge Zeus' auf sie fiel. Der Gott gelangte in ihre Zelle und schwängerte sie. Ihr Vater, immer noch darauf bedacht, seinem Schicksal zu entgehen, trieb sie und ihren neugeborenen Sohn in einem Korb aufs Meer hinaus. Aber das Schicksal, besser gesagt die Einmischung von Zeus, verschonte Mutter und Kind und führte sie auf die Insel Seriphos. Der König der Insel nimmt Danaë schließlich zur Frau, und ihr Sohn wächst zu jenem Perseus heran, der die Medusa vernichten und zu einem der größten Helden der griechischen Mythologie wird. Und Akrisios? Eines Tages war er Zuschauer bei einem Leichtathletikwettkampf, an dem zufälligerweise auch Perseus teilnahm. Der junge Mann warf einen Diskus oder einen Speer (es gibt beide Versionen), der in der Luft von seiner Flugbahn abkam, versehentlich Akrisios am Kopf traf und ihn tötete, so wie es vom Orakel viele Jahre zuvor vorhergesagt worden war.

Aber wie kam es nun genau dazu, dass sich Zeus in jener Nacht, als Perseus empfangen wurde, an Danaë vergehen konnte? Wie Sie vielleicht wissen, erschien er nicht als Mann oder als Bestie oder als Vogel oder als sonst irgendetwas, was man als körperliches Wesen einstufen könnte. Er hatte weder eine genau umrissene Gestalt noch einen Körper und ganz gewiss keine männlichen Geschlechtsteile. Er hatte in jener Nacht so wenig gemein mit den von Xenophanes verspotteten anthropomorphischen Göttern, wie es nur möglich ist, ohne gleichzeitig die körperliche Präsenz voll und ganz aufzugeben. Er kam nämlich zu Danaë in Form eines vom Himmel herabfallenden Goldregens.

Seien wir ehrlich: Kann man sich vorstellen, dass Zeus bei dieser Vereinigung ein Lustempfinden oder irgendeinen sonstigen Reiz verspürte? In gewisser Weise zieht er sich fast völlig aus der Szene zurück, und wir stehen da mit diesem seltensten aller Phänomene der klassischen Mythologie: der Vorstellung sexueller Lust, bei der die Frau auf wertneutrale Weise in den Mittelpunkt gerückt ist. In einigen der frühesten uns erhaltenen Darstellungen der Sage auf griechischen Vasen, die in das 5. Jahrhundert vor unserer Zeitrechnung datierbar sind, liegt Danaë halb nackt und mit einem Lächeln im Gesicht auf einem Sofa, während ein feiner Strahl goldener Tropfen von oben auf sie herabfällt. Sie sieht glücklich aus, wenn auch vielleicht ein wenig teilnahmslos. Spätere Künstler zeigen die Szene mit weit größerer Sinnlichkeit. Aus der italienischen Renaissance stammen zahlreiche Gemälde, die Danaë nackt und auf einem reich drapierten Bett liegend zeigen, in einer Pose, wie sie häufig auf Gemälden der Venus zu finden ist. Allein Tizian malte sie mindestens vier Mal. Träge liegt sie auf dem Bett, ihre Beine leicht angezogen und gespreizt, während der Goldregen fällt. Eines davon zeigt Amor, den Bogen in der Hand und sein Werk offensichtlich vollendet, wie er beim Fortgehen auf die Szene zurückblickt. Auf den anderen drei Bildern ist statt Amor eine ältere Dienerin zu sehen, die im Hintergrund verzweifelt versucht, ein wenig des Goldes für sich selbst zu erhaschen, mithilfe ihrer ausgebreiteten Schürze oder eines Tabletts – nehmen wir mal in diesem Falle an, dass sie wohl nicht seines monetären Wertes wegen in Aktion tritt. Auch Artemisia Gentileschi, eine der wenigen Künstlerinnen jener Zeit, malte die Szene, und ich weiß nicht, ob ich an diesem Punkt projiziere oder nicht, aber ihre Version wirkt auf mich weitaus realistischer als die von Tizian. Die bei weitem erotischste Version aber ist die von Gustav Klimt von 1907. Wir sehen eine hochgezogene Gesäßhälfte, eine aufgerichtete Brustwarze, ein prächtiges Golddekor, das zwischen ihre Schenkel gleitet, und wir sehen das Gesicht der Danaë, ihr sich auf dem Kissen wallendes Haar, ihre geschlossenen Augen, ihre vor Genuss leicht hochgezogenen roten Lippen. Da gibt es nicht mehr viel zu deuten, um was es bei diesem Bild geht. Aber im Grunde genommen müssen Sie das alles für sich selbst entdecken. Ich kann nur sagen: Ich liebe es einfach.

PASIPHAE UND DER STIER
Animalische Begierde

Sowohl in der griechischen als auch in der römischen
Mythologie existieren zahlreiche Geschichten, in denen
Tiere Sex mit Frauen haben. Ein Stier vergeht sich an Europa
und nimmt sie mit sich fort, ein Schwan schwängert Leda.
In keinem dieser Fälle – auch nicht in anderen, die ähnlich
sind – ist natürlich das Tier das, was es zu sein scheint. Sowohl Europas Stier als auch Ledas Schwan sind, wie wir wissen, in Wirklichkeit Zeus. Der verwandelt sich immer mal
wieder in die eine oder andere Gestalt, um sterbliche Frau-
en zu verführen und seine Untreue vor der Eifersucht seiner
göttlichen Gemahlin Hera zu verbergen. Das ist nicht gerade
ein bewundernswerter Zug des Gottes, aber keineswegs ein
Hinweis darauf, dass die Menschen in der Antike positivere
Assoziationen für die Zoophilie gehabt hätten als wir heute.
Eine Sache ist, als Frau eine Beziehung mit einem Gott in
Gestalt eines Tieres zu haben, und eine ganz andere, sich mit
einem echten Tier zu paaren.

Und hier sind wir auch schon bei Pasiphae. Sie war die Gemahlin von Minos, König von Kreta. Bevor dieser die Herrschaft über die Insel übernahm, bat er den Gott des Meeres
um ein Zeichen seiner Gunst. Poseidon gewährte ihm diese
in Form eines wundervollen, starken und strahlend weißen
Stieres. Nun erwartete Poseidon allerdings für das Geschenk

eine Gegenleistung: Minos sollte ihm den Stier opfern. Minos aber brachte es nicht fertig, dieses prachtvolle Tier zu schlachten, und opferte stattdessen einen anderen Stier. Poseidon wurde wütend und beschloss, Rache zu nehmen. Minos sollte Hörner aufgesetzt bekommen, und zwar in der beschämendsten Art und Weise, die denkbar war: Pasiphae sollte ihren Gemahl mit dem Stier betrügen.

Poseidon brachte also Pasiphae dazu, in Leidenschaft für das Tier zu entbrennen; die Widernatürlichkeit ihres Verlangens wird eher noch unterstrichen dadurch, dass sie nun so lange auf die Erfüllung davon warten musste. Um die Aufmerksamkeit des Stiers auf sich zu lenken, nahm sie die Dienste des brillantesten Erfinders der Menschheit in Anspruch, Dädalus. Dies alles geschah übrigens, bevor Dädalus jene Flügel konstruierte, mit denen sein Sohn Ikarus schließlich wie ein Vogel flog und der Sonne zu nahe kam – eine weitere Geschichte vielleicht, die uns zeigt, dass die Grenze zwischen Mensch und Tier nicht zu leichtfertig überschritten werden darf. Er baute für Pasiphae eine Vorrichtung in der Form einer hölzernen Kuh, in die sie hineinkriechen konnte. So verkleidet brachte sie den brünstigen Stier dazu, sich mit ihr zu vereinigen und ihr Verlangen zu stillen.

Aus der Vereinigung von Leda und dem schwanenförmigen Gott ging Helena hervor, die schönste aller Sterblichen. Die Paarung von Pasiphae mit dem weißen Stier brachte den abscheulichen und grausamen Minotaurus hervor, ein monströses Wesen mit dem Körper eines Mannes und dem Kopf eines Stiers, eine so grauenvolle – und, wie wir uns gut vorstellen können, für Minos derart demütigende – Kreatur, dass der König ihn aus seinem Blickfeld verbannen ließ. Dieses Mal war es Minos, der Dädalus kommen ließ; er bat ihn,

Gustave Moreau hält Pasiphaes Verlangen nach dem Stier hier in einer merkwürdig zahmen Skizze fest; einige Jahre später wird Pablo Picasso die eindeutig sexuellere Seite der Geschichte darstellen.

Gustave Moreau: »Pasiphaé. Grisaille«, zweite Hälfte des 19. Jahrhunderts, Öl auf Leinwand, 40×40 cm, Paris, Musée Gustave Moreau

den ausgeklügeltsten Irrgarten zu bauen, den die Menschheit je gesehen hatte, das Labyrinth. Dort hinein wurde der Minotaurus verstoßen und sollte nie wieder herauskommen, auch wenn er noch nicht ganz von der Bildfläche verschwand.

Was mich als Nächstes zur Geschichte von Ariadne bringt, der Halbschwester des Minotaurus.

THESEUS UND ARIADNE
Verführt und verlassen, Teil I

Eine der schwierigsten Aufgaben in meiner therapeutischen Arbeit ist die Arbeit mit Paaren, wenn einer den anderen Partner betrogen hat. Ich muss dabei beide Parteien unterstützen, dass wieder gegenseitiges Vertrauen aufgebaut wird. Zu dem eben geschilderten Fall von Minos und Pasiphae schweigen sich die mythologischen Überlieferungen hinsichtlich dieses schwierigen Prozesses aus. Wir wissen aber, dass sie ganz traditionsgemäß eine Reihe Kinder zusammen hatten, von denen eines ihr Sohn Androgeos war. Es existieren unterschiedliche Berichte darüber, wie Androgeos starb. In allen aber trug der attische König Aigeus eine Mitschuld an seinem Tod, und dafür forderte Androgeos' Vater Minos einen hohen Preis: Einmal im Jahr, oder alle sieben Jahre oder auch alle neun (auch hierüber gehen die Versionen auseinander), musste Aigeus als Tribut eine Gruppe der schönsten Jünglinge und Jungfrauen Athens auswählen und nach Kreta senden. Minos zwang sie dazu, in das Labyrinth hineinzugehen, wo sie in Stücke gerissen und getötet wurden, sobald sie dem Ungetüm über den Weg liefen. Der Minotaurus war vom Symbol der Schande des Minos zum Instrument seiner Rache geworden – und ein Ausdruck seiner Härte.

Nachdem dies ein paar Jahre so weitergegangen war, meldete sich Aigeus' eigener Sohn Theseus freiwillig, um nach Kreta zu ziehen. Er würde dort den Minotaurus bezwingen und diesem Gemetzel ein Ende machen. Aigeus kam dies wie ein sicheres Todesurteil seines geliebten Sohnes vor. Das wäre es bestimmt auch gewesen, hätte Ariadne, ein weiteres Kind von Minos und Pasiphae, sich nicht während der Audienz bei Minos auf den ersten Blick rettungslos in Theseus verliebt.

Jetzt kommt der Teil der Geschichte, den Sie wohl am besten kennen werden. Obwohl sie dadurch ihren eigenen Vater hinterging, ersann Ariadne eine List, sodass ihr geliebter Theseus die Bestie vernichten könnte. Bevor Theseus das Labyrinth betrat, übergab Ariadne ihm zwei wichtige Dinge, die sein Überleben sicherstellen sollten. Das erste war das Schwert, mit dem er den Minotaurus töten sollte, das zweite ein einfacher Faden, der ihm helfen sollte, wieder aus dem Labyrinth herauszufinden. Dazu musste er nur den Faden so über dem Boden abrollen, dass die durch den Irrgarten zurückgelegte Strecke markiert war, und dann dieser Spur wieder zurückfolgen, um zum Ausgang zurückzufinden. Der Plan ging perfekt auf, Theseus trat nach vollbrachter Heldentat wieder heraus aus dem Labyrinth, unbeschadet und siegreich. Das Ungetüm war ausgelöscht und Minos' Unbarmherzigkeit ein Ende gesetzt worden, und das alles dank der Liebe zwischen Theseus und Ariadne. Sofort verließen die beiden Kreta und segelten in Richtung Athen.

Ein Happy End? Nicht ganz oder zumindest nicht eines in der Art, wie man es erwarten würde.

Es hat sich in der griechischen Mythologie für eine Prinzessin fast immer als verheerend erwiesen, mit einem auswärtigen Geliebten fortzugehen. Als noch unheilbringender sollte es sich jedoch herausstellen, einem Fremden zu helfen, den eigenen Vater zu besiegen. Und dies gilt auch, wenn

*Ist es göttliche Liebe oder Vergewal-
tigung, Ariadnes Vergöttlichung oder
ihr Wahnsinn? Irgendwie scheint das
Auftreten von Bacchus für die junge
Frau nicht das Ende all ihrer Sorgen
zu bedeuten.*

Tizian, eigentl. Tiziano Vecelli(o).
»Bacchus und Ariadne«, um 1522. Öl
auf Leinwand, 175 x 190 cm. London,
National Gallery

der Fremde ein so großer Held ist, wie Theseus es zu sein scheint, und der Vater so unsympathisch ist wie Minos. Denken Sie nur einmal an die Geschichte, in der Jason das Goldene Vlies raubt, eine der ruhmreichsten Heldentaten der gesamten Mythologie. Um Kolchis zu erreichen, das Land, in dem das Vlies aufbewahrt wurde, hatte Jason die Argo gebaut. Mit diesem ersten Schiff der Menschheitsgeschichte finden wir den Ursprung des Seehandels und Schiffsverkehrs, eine ausschlaggebende Entwicklung für die Welt des Mittelmeerraums in der Antike. Nachdem Jason aber in Kolchis gelandet war, hätte er niemals das Vlies rauben können ohne die Hilfe von Medea. Die Prinzessin des Landes verliebt sich genauso wie Ariadne auf den ersten Blick unsterblich in den hübschen Fremden. Gegen die Interessen ihres Vaters, König Aietes, übergibt Medea (die zufälligerweise eine Zauberin ist) Jason die Zaubermittel, dank deren Hilfe er jedes Hindernis zwischen ihm selbst und dem Vlies überwinden würde. Wie Theseus und Ariadne fliehen auch Jason und Medea sofort nach seinem Triumph und heiraten. Innerhalb weniger Jahre aber wird Jason ihrer überdrüssig und verlässt sie für eine andere. Die zauberkundige Medea ermordet dann nicht nur ihre Rivalin mithilfe eines vergifteten Mantels, sondern zerstückelt ihre beiden Söhne, die sie von Jason empfangen hat, und steckt den Palast in Brand, bevor sie in einer von Schlangen gezogenen Kutsche flieht.

Das Ende von Theseus und Ariadne ist nicht so blutig, aber es ist beinahe ebenso dramatisch – und es kommt viel schneller. Auf ihrer Reise nach Athen ankert das Schiff mit Theseus und Ariadne an Bord vor der Insel Naxos. Ariadne geht an Land und macht ein Nickerchen. Als sie wieder aufwacht, sind Theseus und seine Mannschaft nirgendwo zu sehen. Sie läuft zum Strand und dort, weit in der Ferne, erblickt sie noch das Schiff unter vollen Segeln auf dem Weg zum Horizont. Theseus hat sie auf einer ansonsten unbewohnten Insel sitzen lassen – aus unerwähnten Gründen.

Medea hatte Jason durch Zauberei geholfen, das Goldene Vlies zu erobern, und sie hatte Zauberei eingesetzt, um sich an ihrem untreuen Gatten zu rächen. Ariadne hatte Theseus ermöglicht, siegreich aus dem Labyrinth hervorzugehen, indem sie ihm ein Schwert besorgt und schlichten Bindfaden geschenkt hat. Anders als Medea ist sie keine Zauberin, und ihr stehen auch keine übernatürlichen Kräfte zur Verfügung, um Theseus zu bestrafen oder ihn zu ihr zurückkommen zu lassen. Sie kann nur noch verzweifelt am Strand auf- und ablaufen, sich die Haare raufen und an den Kleidern zerren, sie kann einfach nicht verstehen, wie der Mann, den sie so liebt, und der sie, wie sie dachte, auch liebte, sie so unmenschlich behandeln konnte.

In dem wundervollen alten Film *Sonntags ... nie!* besucht die lebensfrohe Heldin Ilya, bezaubernd gespielt von der späten Melina Mercouri, eine Vorstellung der antiken griechischen Tragödie *Medea*. Als das Drama zu Ende geht, schwenkt die Kamera über die Gesichter der Zuschauer. Jedes ist von Schmerz und Bedauern gezeichnet, bis auf ihres: Dieses zeigt ein Lächeln. Auf die Nachfrage, warum sie angesichts eines solchen Endes froh sein kann, erzählt sie ihre heitere Alternative des Endes. Sie ist überzeugt, dass Medea nicht wirklich ihre eigenen Kinder und die Verlobte ihres Gemahls hat töten können. Ilya ist überzeugt, dass Jason irgendwie zur Vernunft gekommen sein muss, zu Frau und Kindern zurückgekehrt ist und mit der Familie ein Picknick am Strand der Insel aufbrechen wird.

Bei der Geschichte von Ariadne hätte Ilya es leichter gehabt, ein Happy End zu finden. Während sie so verlassen und offensichtlich verloren am Ufer entlangläuft, taucht der Gott Bacchus (respektive Dionysos) auf, begleitet von seinem Gefolge. So wie er da angeprescht kommt, um die Lage zu retten, in seinem von Geparden gezogenen Wagen, ist er ganz wortwörtlich ein »Deus ex machina«, ein Gott, der auf einer Maschine daherkommt. Er nimmt Ariadne zur Frau und heiratet sie an Ort und Stelle. Um sie zu verewigen, wirft er das Diadem, das sie trug, zum Himmel empor, wo es heute als Teil der Nördlichen Krone (Corona Borealis) zu sehen ist.

Ich bin ja selbst auch eine unverbesserliche Optimistin und ich wünschte, ich könnte bei diesem Ende ein besseres Gefühl haben. Aber mich überzeugen eher die unterschiedlichen Maler, Dichter und Erzähler, die im Ende der Geschichte um Ariadne eine Mehrdeutigkeit gesehen haben. Bacchus kommt mit großem Trara an, begleitet von einer unbändigen und grotesken Gefolgschaft. Wie üblich ist er betrunken und nicht Herr seiner Sinne. In dem berühmten Gemälde von Tizian gehören zu seinem Gefolge ein von Schlangen umfangener Satyr und eine groteske Figur mit dem Gesicht und Oberkörper eines kleinen Kindes und den Beinen einer Ziege. Bacchus selbst ist seltsam blass (sollte er sich etwa sogleich übergeben müssen?), auch scheint er seltsam verwirrt darüber zu sein, dass er aus dem Wagen taumelt, in dem er zuvor stand. In seiner Nacktheit prescht er auf Ariadne zu (das rosafarbene Tuch, das er trug, bedeckt jetzt gerade so sein Geschlecht und droht auch dieses sobald bloßzulegen). Aber er wirkt immer noch kaum halb so verwirrt wie Ariadne. Sie dreht sich zu ihm hin in einer Haltung, die ohne Weiteres auch Schrecken und Angst ausdrücken könnte, den rechten Arm vor ihrem Gesicht erhoben in dem vergeblichen Versuch, das Unausweichliche abzuwehren.

Wird es hier zu einer Hochzeit kommen oder aber zu einer Vergewaltigung? Hat die von ihrer Leidenschaft gebeutelte Ariadne ihren Verstand besser unter Kontrolle als Bacchus? Und hatte sie sich, als sie sich zuerst Theseus hingab, besser unter Kontrolle? Hat sie hier auf Naxos ihren Verstand verloren? Oder hatte sie ihn schon verloren, als sie mit einem ihr im Grunde fremden Menschen fortging, in der festen Überzeugung, ihn zu lieben?

Was auch immer an diesem Tag unten am Strand passieren wird, ich fürchte, ein Picknick ist es nicht.

DIDO UND AENEAS
Verführt und verlassen, Teil II

E s wird Ihnen nicht entgangen sein, dass die Helden der griechischen und römischen Mythologie einen großen Teil ihrer Zeit mit Reisen im Mittelmeerraum verbringen. Obwohl sie sich stets auf einer besonderen Mission befinden, nehmen sie sich doch oft auch Zeit für das eine oder andere erotische Abenteuer. Die Objekte ihres Begehrens lassen sich in zwei Kategorien klassifizieren. Da gibt es einmal die gebürtigen Prinzessinnen – Ariadne und Medea beispielsweise –, die vom Helden verführt, fortgebracht und dann verlassen werden. Andererseits lesen wir aber auch von den Verführerinnen, die dem Helden nachstellen, vielleicht sogar über Jahre hinweg, und die ihn davon abhalten, seiner eigentlichen Pflicht nachzugehen. Odysseus scheint sich besonders von letzterem Typ angezogen zu fühlen, denn in der *Odyssee* finden sich gleich zwei Figuren dieser Art. Einmal ist es die Nymphe Kalypso, bei der er trotz seines starken Wunsches, nach Ithaka zurückzukehren, sieben Jahre verbrachte, bis Hermes ihn erlöste. Und dann natürlich die Zauberin Kirke, die Odysseus' Mannschaft in Schweine verwandelte, ihn selbst aber verschonte – bekanntlich aus egoistischen, lustgesteuerten Gründen. Besonders die Figur der Kirke war für spätere Dichter reizvoll, die auf der Grundlage des antiken Materials ihre eigenen Werke verfassten. Ludovico

Ariosto, ein Autor der italienischen Renaissance, machte aus ihr in seinem Werk *Der rasende Roland* (italienisch: *Orlando Furioso*) die Verführerin Alcina, die eine Weile den Helden Roland umgarnte. Wenige Jahre später ließ Torquato Tasso in seinem Werk *Das befreite Jerusalem* (*Gerusalemme liberata*) die Zauberin Armida den Helden Rinaldo durch ein erotisches Verhältnis an sich binden, wodurch sie ihn von seiner heiligen Mission abhielt, Jerusalem von den Ungläubigen zu befreien. Am Ende des 16. Jahrhunderts überquerte die Geschichte auch den Ärmelkanal und mündete in Edmund Spensers *Faerie Queene*, in der die sinnliche Acrasia den Helden Guyon, die ritterliche Verkörperung der Tugend der Mäßigung, in ihrer Lustlaube gefangen hält. Sollten Sie jetzt beeindruckt sein, dass ich all diese so ähnlich gestrickten Gestalten auseinanderhalten kann, dann seien Sie ganz beruhigt. Ich spicke einfach wieder und wieder in meinen Notizen. Diese kurze Einsicht soll Ihnen nur einen Eindruck vermitteln, wie beständig sich die Mythen im Kern halten, selbst wenn sie auf die Reise durch Zeit und Raum gehen und dabei abgewandelt werden.

Es ist ziemlich eindeutig, welche Seite gewinnen soll, wenn in all diesen Versionen der im Grunde immer selben Geschichte Liebe gegen Tugend oder Sinnlichkeit gegen Heldentaten antritt. Liebe schwächt den Helden, ja verweiblicht ihn irgendwie (was ja immer und zweifelsohne als negativ angesehen wird). Der Held muss sich immer erst befreien, um den besseren und nobleren Weg zu gehen. In diesem Punkt gibt es keine Interpretationsmöglichkeiten.

Außer vielleicht im Falle von Dido und Aeneas.

Wie Vergil in der *Aeneis* erzählt, ist Aeneas der Sohn des Anchises und der Göttin Venus. Er überlebt die Zerstörung von Troja und erhält von seiner Mutter den Auftrag, ein neues Troja zu gründen, eines, das noch großartiger werden sollte als das alte. Dazu soll er nach Italien, und die Stadt, die sie im Auge hat, ist natürlich Rom. So kriegsmüde er auch sein mag, Aeneas zieht aus, um sich dieser Aufgabe zu stellen, die keine leichte ist. Wenn er seine neue Heimat endlich erreicht, wird er weitere Schlachten führen müssen (über diese wird in der zweiten Hälfte von Vergils Epos berichtet, dem sogenannten iliadischen Teil der *Aeneis*). Aber bevor er überhaupt dorthin gelangt, wird er jahrelang unterwegs sein, gegen die Unbilden der Meere und der Götter antreten und Abenteuer erleben, die denen von Odysseus Konkurrenz machen – beziehungsweise die zumindest nach deren Vorbild entstanden sind. Und so geschieht es, dass er in Nordafrika genau dort ans Ufer gespült wird, wo Karthago errichtet wird, mit Dido als seiner Königin.

Ich bin sicherlich nicht die Einzige, die in Dido eine der eindrucksvollsten Frauen der klassischen Mythologie sieht. Wie Aeneas ist auch sie eine Zuwanderin, vertrieben aus ihrer Heimat durch Umstände, auf die sie keinen Einfluss hatte; dennoch hat sie, mehr noch als Aeneas, ihr Schicksal wieder in die Hand genommen. Nach dem Tod ihres Vaters, des Königs von Tyros, sollte sie gleichberechtigt mit ihrem Bruder Pygmalion regieren (nicht dem Bildhauer). Dieser aber riss den Thron an sich und ermordete Didos Gatten Sychaeus (auch Acerbas genannt) in der Hoffnung, sich dessen beachtliche Reichtümer anzueignen. Dido flieht, aber es gelingt ihr, dabei etwas Gold sowie eine treue Gefolgschaft mit sich zu nehmen. Pygmalion gibt die Verfolgung auf, als sie trickreich den Anschein erweckt, sie würde das Gold in Säcken ins Meer werfen lassen. In Wirklichkeit sind die Säcke mit Sand gefüllt, das Gold aber liegt sicher unter Deck. Dies ist die erste Gelegenheit, bei der sie unter Beweis stellt, dem einfallsreichen Odysseus mehr zu gleichen, als der eher schwerfällige Aeneas es jemals tun wird. Das zweite Beispiel ihrer Cleverness zeigt sich, als sie die Stelle erreicht, an der Karthago entstehen wird. Sie bittet die ortsansässigen Häuptlinge, allen voran König Jarbas, um so viel Land für sich und ihr Gefolge, wie sie mit der Haut einer einzigen Kuh umspannen kann. Bereitwillig stimmen sie zu, zweifellos erstaunt darüber, was sie wohl mit einem so kleinen Stück Land anfangen will. Aber Dido schneidet die Kuhhaut in hauchdünne Streifen und näht diese aneinander. Alles zusammengefügt ergibt sich auf diese Art eine beträchtliche Länge, und so werden die groben Umrisse von Karthago festgelegt.

Ich merke gerade, dass ich von der Liebesgeschichte abschweife, aber können Sie vielleicht nachvollziehen, warum mich diese Persönlichkeit fasziniert? Sie ist einfach unglaublich clever, einfallsreich, unabhängig.

Kehren wir zurück zur eigentlichen Geschichte. Zu der Zeit, als Aeneas vor Karthago an Land getrieben wird, ist Didos Stadt eine glanzvolle Baustelle. Gebäude aus Mauerwerk wachsen in die Höhe, und die Straßen sind schon gepflastert. Ein Hafen wird angelegt und ein Theater gebaut. Aber die Stadt wird nicht nur baulich vorangebracht, sondern auch politisch: Gesetze werden erlassen und ein Senat gewählt, alles unter der Führung einer aufgeklärten und beliebten Königin. Dies, so denkt der müde und vom Sturm gebeutelte Aeneas, ist ein Ort, dessen Einwohner sich wahrlich glücklich schätzen können; eine Stadt, in der er selbst glücklich leben könnte. Dieses Gefühl verstärkt sich noch, als er und seine Männer von Dido freundlich willkommen geheißen werden.

Lassen Sie mich Ihnen erzählen, was dann, rein menschlich gesehen, passiert. Es ist eine Geschichte, die sich für mich völlig authentisch anhört und die sicherlich auch viele von Ihnen gut nachvollziehen können. Dido und Aeneas verbringen einige Zeit miteinander, und sie finden Gefallen an der Gesellschaft des anderen. Sie ist ziemlich eingenommen von seinem Aussehen, seinem Benehmen und den Geschichten über seine Tapferkeit. Hier schadet es ihm nicht, dass sein Ruf ihm vorausgeeilt ist, denn eines der ersten Dinge, die Aeneas bei seiner Ankunft in Karthago sieht, ist die Darstellung der Geschehnisse im Trojanischen Krieg in einem Wandrelief. Problemlos kann er sich selbst in der aus dem Stein herausgearbeiteten Menschenmenge ausmachen. Zum ersten Mal seit dem Tod ihres Mannes fühlt sich Dido wieder von einem Mann sexuell angezogen und ist darüber ebenso überrascht wie beschämt. Es lässt sich vermuten, dass sie relativ jung heiratete und dass es eine arrangierte Hochzeit war (in manchen Erzählungen war ihr Mann gleichzeitig ihr Onkel). Und doch war sie überzeugt gewesen, alle Liebe, derer sie fähig war, ihrem Mann gegeben zu haben, und hatte geschworen, ihm bis zu ihrem eigenen Tod treu zu bleiben. Jetzt war sie sich da nicht mehr ganz so sicher. Sie vertraut sich ihrer Schwester Anna an, die ihr einen Rat gibt, der vernünftig scheint. Dido ist noch jung und attraktiv und sollte nicht ihr Leben in Trauer vergeuden. Wie kann sie sich vor der Liebe und vor der Möglichkeit verschließen, jemals Kinder zu bekommen? Und auch ganz pragmatisch gesehen, Karthago ist an der ganzen Küste Nordafrikas umgeben von potenziell feindlich gesinnten Völkern, insbesondere Jarbas, und ist nie vor einem Angriff der Phönizier durch Pygmalion gefeit. Es gäbe doch Schlimmeres, als einen Mann zum

Gefährten zu nehmen, von dem sie sich angezogen fühlt, der von nobler, ja sogar halbgöttlicher Abstammung ist und obendrein ein berühmter Krieger.

Wäre Dido eine Patientin von mir, würde ich mir ein wenig Sorgen über das machen, was nun passiert. Sie, die schon so lange allein ihr Leben meisterte, entwickelt nämlich eine Fixierung auf Aeneas, die besser zu einem Teenager als zu einer erwachsenen Frau passt. Sie hängt an seinen Lippen, sie umschwärmt ihn; wenn er nicht bei ihr ist, kann sie an nichts anderes mehr denken. Sie vernachlässigt ihre Arbeit, und da sie die Königin ist und nicht nur eine beliebige Bürgerin, zieht ihre Pflichtvergessenheit ernsthafte Konsequenzen nach sich: Ohne ihre Führung stehen die Arbeiten am Hafen still, der Bau der Stadtmauern und -türme wird mittendrin gestoppt, das Heer exerziert nicht mehr.

Eines Tages sind Dido und Aeneas mit der kompletten Gefolgschaft des Hofes auf der Jagd, als plötzlich ein Gewitter hereinbricht. Die beiden flüchten sich allein in eine Höhle und dort, während Blitz und Donner toben, werden sie ein Liebespaar. Dido, unerfahren wie sie ist, nimmt dies als Bestätigung einer dauerhaften Verbindung. Sie betrachtet sich jetzt als verheiratet mit Aeneas und macht dies auch öffentlich bekannt. Die beiden leben von da an offen als Paar. Die Situation ist nicht unangenehm für Aeneas und hat auch materiell gesehen Vorteile für ihn (Dido ist sowohl reich als auch großzügig). Andere hingegen sind weniger erfreut darüber und finden dieses Arrangement skandalös.

So geht das eine Weile weiter, bis sich eines Nachts Aeneas seiner Mission entsinnt, nach Italien zu gehen, um ein neues Troja zu gründen. Er beschließt auf der Stelle, Karthago und damit auch Karthagos Königin zu verlassen, hat aber offensichtlich nicht den Mut, Dido von seinen Plänen zu erzählen. Er beginnt im Geheimen mit den aufwendigen Vorbereitungen für die Abreise, aber das Geheimnis ist schwer zu wahren – immerhin trifft er Vorkehrungen für ganze Schiffsladungen von trojanischen Soldaten. Dido stellt ihn zur Rede. An die folgenden Szenen erinnert man sich nicht gerne, aber es sind Szenen, die fast jeder, der schon einmal den Zusammenbruch einer einseitigen Beziehung durchgemacht hat, nachvollziehen kann. Sie wirft ihm Feigheit und Treulosigkeit vor. Er antwortet wenig überzeugend, dass er nie vorhatte zu verschwinden, ohne ihr das zu sagen. Sie bezeichnet ihn als falsch und stellt seine göttliche Abstammung in Zweifel. Sie fragt, ob ihm ihre Hochzeit denn gar nichts bedeutet hat. Er antwortet darauf, sie seien nie offiziell verheiratet gewesen, und dies sei ihre Sicht der Dinge, nicht die seine. Sie klagt, seine Abreise würde sie wieder verletzlicher gegenüber Angriffen von außen machen (er antwortet darauf nicht). Nie wird er seine Zuneigung zu Dido verleugnen, versichert er ihr, hätte jedoch er die Wahl gehabt, so hätte er Troja nie verlassen; da es aber keine Rückkehr gibt, muss er nun seine Mission in Italien erfüllen. Sie verflucht ihn und wünscht, er möge unterwegs ertrinken. Etwas später schickt sie ihm eine Nachricht mit der Bitte, noch ein wenig bei ihr zu bleiben, sodass sie sich leichter daran gewöhnen könne, dass er sie verlässt.

Und dann kommt der Teil, den ich nicht nachvollziehen kann, nicht nachvollziehen will. Durch ihre Trauer zum Äußersten bereit, lässt Dido einen großen Scheiterhaufen errichten. Sie erzählt Anna, dass eine Zauberin ihr geraten hätte, das Bett zu verbrennen, das sie mit Aeneas geteilt hat und ebenso alles, was er zurückgelassen hat. In Wahrheit hat sie allerdings etwas ganz anderes vor. Sie steigt schließlich auf den Scheiterhaufen und tötet sich mit Aeneas' eigenem Schwert. Aeneas, der schon auf See ist, schaut zurück und sieht in einer dicken Wolke den Rauch vom brennenden Scheiterhaufen aufsteigen.

Dies ist dann die Geschichte, so wie ich sie erinnern möchte, aber ich habe einige sehr bedeutsame Einzelheiten ausgelassen. Aeneas hat es bis dahin nicht geschafft, Italien zu erreichen, weil Juno die Todfeindin der Trojaner ist und nichts unversucht lässt, um ihn von seinem Kurs abzubringen. Aeneas übt nur deshalb eine so große Anziehungskraft auf Dido aus, weil Venus daran gelegen ist, dass ihr Sohn eine Zeit der Ruhe und Erholung findet. Das Einfachste scheint ihr zu sein, dass Dido sich mit ihrer Hilfe in ihn verliebt. Und so schickt sie Amor, um die Leidenschaft der Königin zu entfachen, ja sie sogar verrückt vor Liebe zu machen. Dass die beiden in der Höhle ein Paar werden, ist wiederum Junos Werk; sie weiß, dass Karthago und Rom dazu bestimmt sind, irgendwann in der Zukunft Todfeinde zu sein. Um die Zerstörung Karthagos, einer Stadt, die ihr sehr teuer ist, abzuwenden, bleibt ihr einzig, Aeneas daran zu hindern, dass er jemals Italien erreicht. Damit würde Rom niemals existieren.

Als Aeneas sich dann schließlich seiner Mission nach Italien entsinnt, tut er dies nicht etwa aus freien Stücken heraus, sondern weil Jupiter, ungeduldig geworden durch die Verzögerungen, Merkur zu ihm schickt, um ihn voranzutreiben. In Vergils Epos sind die Götter sehr präsent, und manchmal kreuzen sich ihre Absichten, ihre Handlungen gehen aneinander vorbei. Dido und Aeneas sind, wie es aussieht, im Fadenkreuz gefangen, er wurde zu einem Schuft, damit er der Gründer eines Weltreiches werden konnte, sie wurde zu

*Von Aeneas und Amor verlassen muss
Dido sterben, damit Roms Macht sich
entfalten kann – eine fesselnde Figur,
gefangen in den Wirren der Geschichte
und der Ränkespiele der Götter.*

Giovanni Francesco Barbieri Guercino: »Didos Tod«, um 1631. Öl auf
Leinwand, Rom, Galleria Spada

einer Figur, die einerseits Kalypso entspricht, die Odysseus davon abhält, nach Ithaka zu reisen, und gleichzeitig auch Ariadne, die am Strand von Naxos von einem herzlosen Theseus verlassen wurde. Und die Dinge nehmen ihren unaufhaltbaren Lauf.

Doch Vergil ist ein viel zu großer Poet, um Aeneas ganz damit davonkommen zu lassen, und auch Dido ist ein viel zu außergewöhnlicher Charakter, als dass wir sie allzu leicht in eine bestimmte Schublade stecken könnten. Zum Schluss ist sie es, die Aeneas abweist und nicht umgekehrt. Dido begeht Selbstmord am Ende des vierten Buches der *Aeneis*. Zwei Bücher später, wieder in Anlehnung an eine Episode aus der *Odyssee*, steigt Aeneas in die Unterwelt ab, wo er mit dem Schatten seines Vaters sprechen und von der großartigen Zukunft erfahren wird, die Rom erwartet. Zuerst aber durchquert er in der Unterwelt das Feld der Trauer, wo er Dido erblickt. Nun spricht er auf bewegende Weise mit ihr, bringt seinen Kummer darüber zum Ausdruck, dass er ihr solchen Schmerz zugefügt hat, und schwört, dass er sie gegen seinen Willen und nur auf Befehl der Götter verlassen hat. Sehen wir das als eine Bitte um Vergebung, so gewährt sie ihm diese nicht. Stattdessen wendet sie sich ohne ein Wort von ihm ab, zieht sich in die Wälder zurück, wo der Schatten ihres Gemahls Sychaeus auf sie wartet, der an ihrem Kummer teilhat und mit ihr in Liebe verbunden ist. Ich finde eindeutig, dass Dido mit ihrem Schweigen das letzte Wort hat.

PYGMALION UND DIE STATUE
Die Kunst der Liebe oder die Liebe zur Kunst?

Wie der römische Gelehrte Plinius der Ältere in Buch 35 seiner *Naturalis historia* schreibt, entstand die Bildhauerkunst aus einem Akt der Sehnsucht heraus. Vor langer Zeit in der Antike lebte in Korinth ein Töpfer namens Butades. Seine Tochter, deren Name uns nicht überliefert ist, liebte einen jungen Mann, der eine lange und gefährliche Reise vor sich hatte. Um ihn während seiner Abwesenheit vor sich sehen zu können, ließ sie ihn sich so vor eine Lampe setzen, dass der Schatten seines Gesichts auf die dahinter liegende Wand fiel, wo sie die Umrisse seines Schattens mit Linien nachzog. In der Tat sahen die Griechen und Römer in solchen Schattenzeichnungen die Ursprünge der Zeichenkunst, Plinius zufolge sah Butades aber noch mehr darin. Er füllte die Silhouette auf der Wand mit Ton und modellierte daraus ein dreidimensionales Abbild des Mannes, den seine Tochter so sehr liebte. Dann bemalte und brannte er dieses Wandrelief – und die Bildhauerei war erfunden.

Eine nette Anekdote, in welcher der Wunsch zum Ausdruck kommt, dass Kunst sowohl naturgetreu als auch langlebig sein sollte. Wir wissen nicht, ob der junge Mann jemals zu Butades' Tochter zurückkehrte, aber Plinius berichtet zumindest, dass die Skulptur die folgenden Jahrhunderte in Korinth überdauerte.

Sogar noch mehr Geschichten gibt es darüber, dass die Malerei, eine der Schwesternkünste, in der Lage ist, das Auge perfekt zu täuschen. Die berühmteste ist vermutlich die der beiden Maler Zeuxis und Parrhasios, die im 5. Jahrhundert in einem Wettstreit herausfinden wollten, wer von beiden mehr Talent besaß. Zeuxis enthüllte seinen Beitrag, ein solch realistisch dargestelltes Stillleben mit Weintrauben, dass Vögel kamen und versuchten, an den Früchten zu picken. Siegessicher bat er dann Parrhasios, den Vorhang wegzuziehen, der dessen Bild verhüllte. Parrhasios antwortete, es gäbe keinen Vorhang, nur ein Gemälde davon; dies war sein Beitrag in diesem Wettstreit. Und Parrhasios gewinnt.

Nun, wäre es nicht toll, wenn die gemalten Trauben genauso süß und saftig werden würden, wie sie aussehen, und wenn der gemalte Vorhang so echt wäre, dass man seine seidigen Falten zur Seite schieben könnte? Könnte es je passieren, dass ein Kunstwerk zum Leben erwacht? Es konnte, und zwar in der Sage von Pygmalion, auch wenn unklar bleibt, ob es eher die Kunstfertigkeit des Bildhauers oder die Kraft seiner Liebe ist, die dem Kunstwerk Leben einhaucht.

Die ausführlichste Version der Geschichte finden wir, wieder einmal, bei Ovid. Allerdings scheint er viele Details dem verloren gegangenen Werk eines griechischen Autors namens Philostephanus entnommen zu haben. Dieses berichtete von der Geschichte Zyperns, der Insel, die der Aphrodite, respektive Venus, geweiht ist. Dort spielt sich unsere Handlung ab. Bei Philostephanos ist Pygmalion der König der Insel. Ovid selbst sagt nichts dazu, ob er ein König oder ein normaler Bürger ist, er deutet aber an, dass Pygmalion ein sorgenvoller und einsamer junger Mann ist. Das rührt von seiner schlechten Meinung gegenüber dem weiblichen Geschlecht – er lebt lieber allein und enthaltsam. Die Haltung nahm er an, weil er über die Schamlosigkeit der Propoetiden derart empört war. Diese Gruppe von Frauen hatte sich geweigert, Aphrodite zu verehren. Als Strafe für jene Unbotmäßigkeit wurden sie in Prostituierte verwandelt. Obwohl sie dann eine weitere Strafe erhielten – dieses Mal wurden sie zu Stein –, schwor Pygmalion den realen Frauen ab. Seine Zuflucht findet er stattdessen darin, all der ihn umgebenden Verdorbenheit seine eigene Vorstellung einer idealen Frau entgegenzusetzen, und zwar in Form einer aus Elfenbein geschaffenen Figur. Diese übertrifft jede andere lebende Frau an Schönheit und ist so realistisch, dass man schwören könnte, sie sei lebendig. Aus naheliegenden Gründen ist die Keuschheit der Elfenbeinfrau über jeden Vorwurf erhaben. Und er verliebt sich in sie.

An dieser Stelle möchte ich darauf verweisen, dass bei Philostephanos, soweit sich das deuten lässt, nicht Pygmalion selbst der Schöpfer dieser Statue, die er so lieb gewonnen hat, ist. Und sie ist auch nicht das Abbild einer anonymen, aber perfekten Frau, sondern das von Aphrodite selbst.

Es gibt viele spätere Bilder und Skulpturen zu dieser Geschichte, die uns die Statue zeigen, wie sie schön artig auf einem Sockel steht, Pygmalion zu ihren Füßen, aber sowohl Philostephanos als auch Ovid erzählen uns da etwas anderes. Pygmalion küsst die Statue unentwegt und meint bereits, seine Zuneigung würde erwidert. Er umarmt die Statue und glaubt, ihr Fleisch würde unter dem Druck nachgeben, er fürchtet sogar, ihr blaue Flecken zuzufügen. Wenn er sie nicht in Frauenkleider und Schmuck hüllt, dann bettet er sie zwischen viele Kissen und Decken auf sein Lager. Solche Einzelheiten sind, vor allem wenn die Statue ein Abbild der Göttin darstellt, Futter für die frühen christlichen Dichter, die jede heidnische Götzenverehrung ablehnen. Alles, was uns aus Philostephanos' Text bekannt ist, wurde von zweien der Kirchenväter überliefert, Clemens von Alexandria und Arnobius, die vielleicht allzu sehr Gefallen daran finden, zu beschreiben, wie Pygmalion aus dem Abbild der Göttin kaum mehr als eine Sexpuppe gemacht hatte.

Eines Tages wird auf Zypern das Fest zu Ehren der Aphrodite gefeiert. Alle Inselbewohner begeben sich in Scharen zu ihrem Tempel, um der Göttin Opfer darzubringen. Als Pygmalion vor dem Altar steht, betet er stotternd für das, was er sich nun mehr als alles andere auf der Welt wünscht. Seine Bitte ist jedoch nicht ganz präzise formuliert. »Möge meine Gattin meiner Elfenbeinernen ähnlich sein«, so fleht er die Göttin an. »Möge meine Gattin die Elfenbeinjungfrau sein« ist das, was die Göttin da tatsächlich heraushört. Die Flammen an ihrem Altar lodern dreimal auf, und sein Wunsch wird gewährt. Pygmalion kehrt nach Hause zurück und beugt sich über die Elfenbeinfigur, die noch leblos auf dem Sofa liegt. Er küsst sie. Jetzt scheint sie tatsächlich warm zu sein, als er sie berührt. Er legt seine Hand auf eine Brust, und nun gibt das Fleisch nicht nur in seiner Fantasie nach. Er fühlt den Pulsschlag unter ihrer Haut. Sie öffnet ihre Augen und sieht den Himmel sowie ihren Verehrer zum ersten Mal. Sein Kunstwerk ist nicht mehr nur einfach naturgetreu, es ist gänzlich zum Leben erwacht. Das ist doch ein großartiger Augenblick, oder nicht?

Und doch, wir sehen das ja immer wieder, ganz so simpel sind die Mythen nie, und ich möchte Ihnen noch etwas zum Nachdenken mit auf den Weg geben.

Wären Zeuxis' Trauben echt und nicht nur gemalt gewesen, hätten die Vögel sie gefressen oder sie wären auf dem Teller

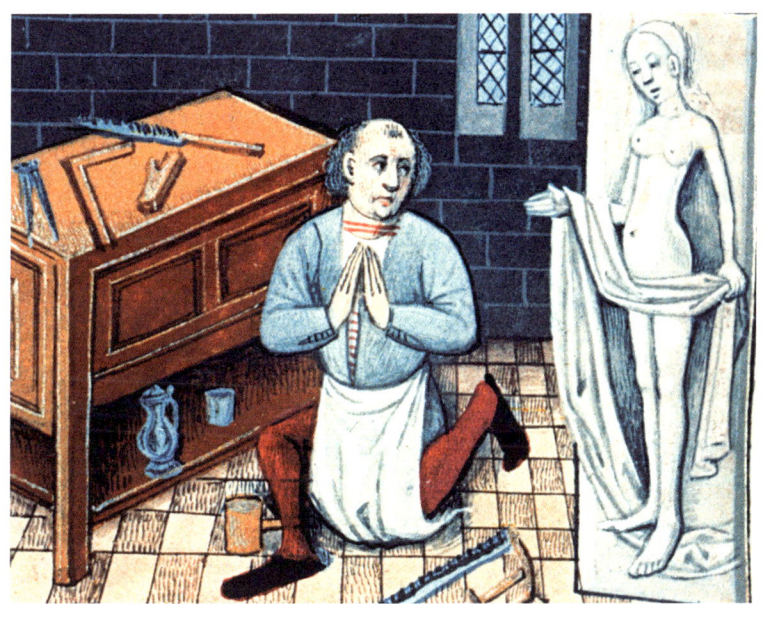

Diese französische Miniatur aus dem Mittelalter hebt das Beunruhigende an Pygmalions Liebe zu einem leblosen Objekt hervor, das er noch dazu selbst geschaffen hat.

Illustration zu dem altfranzösischen Versroman »Roman de la Rose« von Guillaume de Lorris und Jean de Meung, 1352. Paris, Bibliothèque Nationale

liegen geblieben und verdorben – lange überlebt hätten sie auf jeden Fall nicht. Wie Pygmalion zweifellos erfahren wird, bleibt auch die perfekte Frau nicht perfekt, wenn aus dem Elfenbein einmal ein Wesen aus Fleisch und Blut mit Falten, Warzen, Cellulite und allem, was dazugehört, geworden ist. Aber vielleicht ist die zu Leben erwachte Statue ja für Pygmalion eigentlich gar nicht so lebendig, wie wir das für ihn hoffen würden. Wir bemerken schnell, dass sie kein einziges Wort sagt und nie einen Namen erhält (ich höre schon die Proteste, es sei ja wohl bekannt, dass sie Galatea heiße; aber der Name wird erst sehr viel später, vermutlich irgendwann im 18. Jahrhundert, mit ihr in Verbindung gebracht). Und hat denn Pygmalion wirklich aufgehört, von ihr als eine Schöpfung zu denken, die er weiter nach seinem Gusto formt? Der stets besonnene Ovid gibt uns Grund zu stutzen, wenn er ihre jetzt weiche Gestalt mit Wachs vergleicht, das sich ganz nach Lust und Laune mit den Fingern immer wieder neu verformen lässt. Und damit Grund zum Weiterdenken: Wann ist der Partner eigentlich der perfekte Partner?

KANAKE UND MAKAREUS
Wenn es in der Familie bleibt ... Teil I

Sollte ich das blauäugigste Liebespaar der Mythologie benennen, so kämen mir auf jeden Fall zuallererst Kanake und Makareus in den Sinn, zumindest vor dem Hintergrund der dürftigen Informationen, die uns zur Verfügung stehen. Die umfassendste Version ihrer Geschichte stammt von Ovid, es ist die elfte Epistel in den *Heroides*, und über all das, was hier unter den Teppich gekehrt wurde, und das, was zumindest einer der beiden offensichtlich nicht begreift, ließe sich wahrscheinlich ein eigenes kleines Buch schreiben.

Sieht man über einige der entsetzlichsten und melodramatischsten Einzelheiten hinweg, hätte ein beliebiges junges Mädchen von heute in einer ähnlichen Situation Kanakes Brief an ihren Freund schreiben können. Denn Kanake ist eine unverheiratete Mutter, die gerade einen kleinen Jungen zur Welt gebracht hat. Die ganze Zeit über hatte sie es geschafft, die Schwangerschaft vor ihren Eltern zu verbergen. Wie das möglich sein soll, kann ich nicht nachvollziehen, aber man liest ja hin und wieder Geschichten über schwangere Teenager, die das auch hinkriegen. Jetzt aber hat ihr Vater es herausbekommen. Er tobt vor Wut, eine Wut, die nur allzu gut zu seinem Charakter passt, denn immerhin handelt es sich hier um Aiolos, den Herrn der Winde. In einigen Übertragungen ist er der Sohn von Poseidon, in anderen ein sterblicher König. In unserer Erzählung ist er nicht mit offenkundig übernatürlichen Kräften ausgestattet, dafür aber mit einem ebenso unberechenbaren wie grausamen Naturell.

Kanake erzählt in ihrem Brief an Makareus, den Vater ihres Kindes, detailliert die Geschichte ihrer Liebe. Er ist ganz eindeutig ihr erster, ernsthafter Freund. Nachdem sie sich verliebt hatte, wälzte sie sich nachts hin und her, beschreibt sie. Sie wollte kaum noch essen, weil sie nur immer an ihn denken konnte. Fast meint man, sie fantasiere sich diese extremen Symptome von Liebeskummer zusammen. Ihre alte und weise Amme aber wusste genau, was hier los war: »Du bist verliebt«, verkündet sie. Kanake wird rot und blickt zu Boden – das ist Geständnis genug.

In dem einen Moment ist sie noch Jungfrau, im nächsten stellt sie fest, dass sie schwanger ist. Die Amme – ein Typ Frau, dem wir in diesen Sagen häufig begegnen, und sicherlich eine Vorfahrin des sehr ähnlichen Charakters, wie wir ihn aus Romeo und Julia gut kennen – bringt Kanake alle möglichen Mittel, um eine Abtreibung herbeizuführen (an dieser Stelle gesteht sie Makareus zum ersten Mal, dass sie solche Versuche unternommen hat). Aber der Fötus erweist sich als hartnäckig und kommt schließlich zur Welt. Kanake ist überhaupt nicht auf die mit der Geburt verbundenen Schmerzen vorbereitet und durchlebt eine schwere Entbindung. Der junge Vater steht ihr jedoch zur Seite – zwar kann er ihr kaum Atemübungen, wie wir sie aus der modernen Geburtsvorbereitung kennen, bieten, dafür aber seine Nähe und Ermutigung. Ein gesunder Junge wird geboren. All dies fasst Kanake in ihrem Brief noch einmal für Makareus zusammen und erzählt außerdem, was folgte, nachdem er das Gebärzimmer verlassen hatte.

Aiolos: eine machtvolle Gestalt, die über die Winde herrscht, nicht aber über seinen Sohn und seine Tochter.

Crispin de Passe der Ältere: »Äolus«, 1610. Kupferstich, spätere Kolorierung. Aus einer Folge von Darstellungen mythologischer Gestalten

137

Wir wissen bisher: Die Schwangerschaft musste geheim bleiben, die Mutter war unverheiratet und lebte noch bei den Eltern, das Kind war demnach unehelich. Was sollte nur aus ihm werden? Wie zu erwarten war, hat die clevere Amme einen Plan parat. Sie wird das Neugeborene aus dem Palast herausschmuggeln, in einem Korb unter Früchten und Olivenzweigen versteckt. Diese angeblichen Opfergaben wird sie zum Tempel bringen. So soll es geschehen, doch auf ihrem Weg nach draußen fängt das Neugeborene in Hörweite von Aiolos an zu wimmern. Der König entreißt der Amme das Baby und stürzt in Kanakes Zimmer; laut brüllt er die Schande seiner Tochter heraus und droht sie zu schlagen. Er hebt das Kind hoch, sodass alle es sehen, und verkündet, dass das Kind nicht in den Tempel gelangen wird, sondern im Wald geopfert werden soll, wo es den Hunden, Wölfen und Raubvögeln zum Fraß ausgesetzt werde. Nun sind wir ja inzwischen daran gewöhnt, dass immer, wenn in einem Mythos ein Kind ausgesetzt wird, ein freundlicher Schäfer kommt und es rettet. Dem Baby von Kanake und Makareus allerdings kommt niemand zuhilfe.

Dies bringt uns nun zu dem konkreten Zeitpunkt, zu dem Kanake ihren Brief schreibt, und somit auch zu dem blutigen Ende der Geschichte. Aiolos lässt einen Diener in das Gemach schicken, um Kanake ein Schwert zu überbringen. Die Botschaft ist eindeutig: Sie hat Schande über sich und ihre Familie gebracht und muss nun durch ihre eigene Hand sterben. Mit ihrem Brief will sie Makareus bitten, alles, was von dem kleinen Körper ihres Kindes noch auffindbar ist, zu holen, damit es gemeinsam mit ihren sterblichen Überresten begraben wird. Sie fleht ihn an weiterzuleben, sie aber niemals zu vergessen. Sie liebt ihn immer noch, und wenn er ihren Brief erhält, wird dieser höchstwahrscheinlich mit ihrem Blut befleckt sein.

Jetzt habe ich hier fast alles, was mir bekannt ist, über Kanake und Makareus erzählt, außer einem ziemlich wichtigen Detail. Sie sind Schwester und Bruder. Ihre Liebe ist eine Inzestgeschichte.

Nachdem Sie sich von Ihrem ersten Schrecken erholt haben, könnte Ihnen jetzt an Ovids Version vielleicht etwas Seltsames, aber eigentlich auch Offenkundiges auffallen. Aiolos ist sich ebenso wenig darüber bewusst, wie Sie es sich wahrscheinlich waren, dass Kanake mit ihrem Bruder geschlafen hat und dass das Baby ein Kind dieser Geschwisterliebe ist. Die Wut, die ihn packt, und der furchtbare Preis, den er von seiner Tochter fordert, haben überhaupt nichts damit zu tun, wer der Vater des Kindes ist. Ich bin mir nicht sicher, wie das einzuordnen ist: Inzest zwischen Bruder und Schwester war sicherlich ein Tabu im antiken Rom, und Aiolos' stürmisches Auftreten lenkt unsere Aufmerksamkeit von diesem Punkt nur ab. Zwar gehörte Inzest zwischen Geschwistern fast schon zum Kern der griechisch-römischen Religion: Zeus (der römische Jupiter) war sowohl Bruder als auch Gemahl der Hera (Juno), mit der er wiederum Ares (Mars) zeugte. Er war auch der Bruder der Demeter (Ceres), mit der er Proserpina (Persephone) zeugte. Aber Kanake und Makareus sind keine Götter. Und auch keine ägyptischen Pharaonen, die öfter nahe Verwandte, eben auch ihre Geschwister, zum Erhalt der Blutlinien heirateten. Zu Ovids Lebzeiten hatte diese Praxis erst kurz zuvor mit der endgültigen Eroberung Ägyptens durch Rom ein Ende gefunden. Auch der Tod der schändlichen Kleopatra, die zwei ihrer Brüder geheiratet hatte, aber Kinder von Julius Caesar und auch von Marcus

Antonius bekommen hatte, markierte eine Wende. Einige Jahre später würde Kaiser Caligula nachgesagt werden, eine inzestuöse Beziehung zu dreien seiner Schwestern zu haben. Drusilla, seine Lieblingsschwester, präsentierte er kommentarlos in der Öffentlichkeit als seine Gemahlin. Als sie starb, ordnete er, wie der Historiker Suetonius berichtete, eine Zeit der Staatstrauer an. Währenddessen galt es als Kapitalverbrechen, in Anwesenheit der Eltern, der Gemahlin oder der Kinder zu lachen, zu baden oder zu speisen. Aber Caligula galt sowieso als launisch, ja sogar wahnsinnig. Seine Beziehung zu Drusilla passte in dieselbe Kategorie wie sein Vorschlag, eines seiner Pferde zu einem hohen Regierungsbeamten zu ernennen.

Sosehr ich jedenfalls die Brutalität von Aiolos verabscheue, was mich in dieser Geschichte wirklich extrem irritiert, ist die Offenheit und Unschuld, mit der Kanake auch weiterhin ihre Liebe zu Makareus zum Ausdruck bringt. In ihren, wie wir nun wissen, letzten Momenten in dieser Welt ruft sie sich sein liebevolles Versprechen bei der Geburt ihres Kindes in Erinnerung:»Lebe, Schwester [...] Denn du wirst die Braut deines Bruders, von ihm zur Mutter gemacht, wirst du auch Gattin ihm sein.« Und diese Worte, so sagt sie, riefen sie wieder ins Leben. Sehen wir generell in ihren Worten an ihn auch nur den leisesten Ansatz eines Tadels? Können wir intuitiv davon ausgehen, dass hier, wie in den meisten Fällen von Geschwisterinzest, der sexuelle Übergriff von dem Bruder ausging (»Warum hast du, mein Bruder, mich mehr geliebt als ein Bruder? Warum war ich dir das, was eine Schwester nicht darf?«). Vielleicht, sicher bin ich mir da aber nicht. Wenn dies der Fall ist, so scheint Kanake dies nicht wahrhaben zu wollen.

Teenagermutter, Tochter eines gewalttätigen, jähzornigen Vaters, sexuell unerfahren, gefangen in einer inzestuösen Beziehung und ungewollt schwanger: Wenn es jemals in der griechischen oder römischen Mythologie eine Figur gegeben haben sollte, die so viel Unglück in ihrem Leben vereint hat, so fällt mir keine andere ein.

MYRRHA UND KINYRAS
Wenn es in der Familie bleibt ... Teil II

Ich frage mich, ob die Figur des Ödipus wohl ohne Sigmund Freuds Schriften heute auch so bekannt wäre. Laut Freud durchlaufen alle Jungen in ihrer psychosexuellen Entwicklung eine Phase, in der sie insgeheim den Wunsch hegen, ihren Vater zu töten und ihre Mutter zu heiraten; für dieses Phänomen führte er den Begriff »Ödipuskomplex« ein. Ich bin in meinem Leben zwar nicht sehr vielen Männern begegnet, die tatsächlich solche Wünsche zugegeben hätten, und es ist auch nicht erwiesen, ob der legendäre Ödipus solche Gedanken hegte. Aber das ist eine Frage, über die man endlos diskutieren könnte – fest steht jedenfalls, dass Ödipus beide Taten ausgeführt hat, ob dies nun mit oder ohne Absicht geschah.

Analog dazu wählte Freud die etwas unglückliche Formulierung »weiblicher Ödipuskomplex« für seine Beobachtung, dass Mädchen einen tiefen Groll gegen ihre Mutter und die Fantasie entwickelten, von ihrem Vater geschwängert zu werden. Später stellte Freud diesen Begriff selbst infrage, doch zu diesem Zeitpunkt hatte C. G. Jung das Phänomen bereits in »Elektrakomplex« umgetauft; nach der Figur in der griechischen Mythologie, die ihren Bruder Orest dazu anstiftete, ihre Mutter Klytaimnestra zu töten, als Vergeltung für den Mord an ihrem Vater Agamemnon.

Der Elektrakomplex war immer schon so etwas wie die arme Stiefschwester des Ödipuskomplexes, er hat die Fantasie der modernen Gesellschaft weitaus weniger beschäftigt. Und ich frage mich, ob das nicht ebenso sehr mit der Sage zusammenhängt, nach der dieser Komplex benannt wurde, wie mit Freuds späterer Ungewissheit darüber, ob er überhaupt existiert. Die Geschichte passt einfach nicht ganz, wenn man es recht bedenkt: Elektra spielt zwar mit dem Gedanken, ihre Mutter zu töten, aber das tut am Ende auch ihr Bruder. Und die Geschichte lässt keinen Raum für die Möglichkeit eines Inzests mit dem Vater, der ja bereits tot ist. Vielleicht wäre die Sage von Myrrha die bessere Wahl bei der Namensgebung gewesen:

Myrrha war die Tochter von Kinyras und Cenchreis, König und Königin von Zypern. Als sie das heiratsfähige Alter erreicht hatte, wimmelte es im Palast nur so von Freiern, die um ihre Hand anhielten. Darunter gab es zahlreiche, die gleichermaßen geeignet waren. Man muss Kinyras zugutehalten, dass er sich weigerte, für seine Tochter zu entscheiden. Stattdessen fordert er Myrrha auf, sich aus den vielen Kandidaten einen Ehemann auszusuchen. Das junge Mädchen schaut den Vater an, bringt kein Wort heraus und bricht in Tränen aus. Der Vater tröstet sie, küsst ihr die Tränen von den Wangen und fragt, wie ihr Ehemann denn sein solle – worauf sie antwortet: »So wie du«. Das ist wahrscheinlich die erfreulichste Antwort, die eine junge Frau im heiratsfähigen Alter ihrem Vater überhaupt geben kann. Schließlich ist sie immer noch Papis kleine Prinzessin, und vielleicht war es wirklich zu früh, das sensible Töchterchen bereits mit dem Thema Ehe zu konfrontieren. Er lässt die Sache also vorerst auf sich beruhen.

Doch Kinyras hat das Gespräch nicht richtig gedeutet und den wahren Grund für Myrrhas Verzweiflung nicht erkannt. Dabei hatte sie ihre Gefühle ganz konkret geäußert: Sie liebe einzig und allein ihren Vater. Aber sie begehrt ihn eben auch sexuell.

Die ausführlichste Version dieser Geschichte finden wir wieder bei Ovid, diesmal im zehnten Buch der *Metamorphosen*, wo der Erzähler (eigentlich ist es Orpheus, der die Geschichte schildert) keinen Zweifel daran lässt, dass diese Leidenschaft eine Grenze überschreitet. Dieser Auffassung schließt sich sogar Cupido an, der mit dieser Sache nichts zu tun haben will – Myrrha wurde also bestimmt nicht von einem seiner Pfeile getroffen. Das muss vielmehr die Brandfackel einer Furie gewesen sein, die extra zu diesem Zweck aus der Hölle aufgestiegen ist. Myrrha weiß selbst genau, dass diese Liebe ein Frevel ist, fragt sich aber andererseits, ob denn eine Tochter ihren Vater nicht lieben solle. Ihr ist bewusst, dass diese Gefühle unnatürlich sind. Aber könne man nicht überall in der Natur beobachten, dass Tiere sich mit ihrem Nachwuchs paaren? Ja, fördere der Mensch nicht sogar dieses Verhalten bei seinen Haustieren, um bestimmte Zuchtreihen seines Viehbestandes zu stärken? Und gebe es nicht bestimmte Völker, bei denen Mütter mit ihren Söhnen schlafen und Väter mit ihren Töchtern, um die Familienbande fester zu knüpfen? Ist das Tabu, mit dem die menschliche Gesellschaft die geschlechtliche Verbindung von Elternteil und Kind belegt, universell oder kulturspezifisch? Läuft es vielleicht sogar den Gesetzen der Natur zuwider? Myrrha bemüht sich nach Kräften, sich selbst davon zu überzeugen, dass in diesem Punkt Moralität kulturell bestimmt sei und dass die Unterschiede zwischen menschlichem und animalischem Verhalten willkürlich und von außen auferlegt seien. Es gelingt ihr nicht. In ihrer Verzweiflung beschließt sie, ihrem Leben ein Ende zu setzen.

Da naht äußerst zweifelhafte Hilfe in Gestalt der ergebenen Amme, die Myrrha just in dem Moment entdeckt, als sie sich eine Schlinge um den Hals legt. Die alte Frau, die ihren Schützling eindeutig sehr ins Herz geschlossen hat, ist vollkommen außer sich und möchte wissen, was Myrrha denn zu einem derartigen Schritt getrieben habe. Die junge Frau antwortet nicht. Unbeirrt schlägt die Amme daraufhin selbst mögliche Erklärungen vor: Wenn Myrrha vom Wahnsinn befallen sei, könne sie, die Amme, mit Zauberformeln und Kräutern Abhilfe schaffen; sollte jemand Myrrha verhext haben, wisse die Amme ebenfalls Rat; und sollten die Götter Myrrha zürnen, so werde sie im Tempel schon das richtige Opfer bringen, um sie zu besänftigen. Sie erinnert Myrrha daran, wie glücklich sie sich doch schätzen könne, da sie eine Mutter und einen Vater habe, die sie beide liebten. Myrrha seufzt tief auf. Die Amme schwatzt weiter und äußert schließlich die Vermutung, ihre Herrin sei bestimmt unglücklich verliebt; in jemanden, den ihre Eltern nicht akzeptieren würden. Myrrha sagt nichts dazu. Die Amme verspricht ihr, auch für diese Situation eine Lösung zu finden. Doch Myrrha rückt immer noch nicht mit der Sprache heraus. Als die Amme vorschlägt, alles so zu arrangieren, dass Myrrhas Vater nie etwas von diesem heimlichen Geliebten erfahre, wird das Mädchen regelrecht hysterisch. Trotzdem lässt die Amme nicht locker: Sie droht damit, Myrrhas Eltern von dem Selbstmordversuch zu berichten, und versucht, den Namen des jungen Mannes aus Myrrha herauszukitzeln. Als die junge Frau schließlich verzweifelt ausruft, ihre Mut-

*Unsägliche Handlungen ziehen Un-
denkbares nach sich: Die nach dem
Inzest mit ihrem Vater in einen Baum
verwandelte Myrrha bringt ein von
den Göttern und Nymphen geliebtes
Kind von außergewöhnlicher Schönheit zur Welt.*

Marcantonio Franceschini: »Die
Geburt des Adonis«, um 1700. Aus-
schnitt, Öl auf Kupfer. Staatliche
Kunstsammlungen, Dresden

ter könne sich mit ihrem Ehemann so unendlich glücklich schätzen, versteht die Amme sofort die entsetzliche Wahrheit, hält aber als treue und törichte Dienerin ihr Versprechen und versucht zu helfen.

An diesem Punkt angelangt, bleibt ihr keine andere Wahl: Myrrha muss die eigene Mutter aus dem Bett ihres Vaters verdrängen. Ironischerweise ergibt sich diese Gelegenheit ausgerechnet während der Festlichkeiten für Ceres, Göttin der Ernte und der Fruchtbarkeit der Erde, die aber auch Schutzpatronin der Ehe ist. Jene Mutter, die einst in der Hoffnung in die Unterwelt hinabgestiegen ist, ihre Tochter retten zu können. Bei diesem Fest bringen verheiratete Frauen neun Tage lang der Göttin die ersten Früchte der Jahreszeit als Opfergaben dar; neun Nächte dürfen sie nicht mit ihren Ehemännern schlafen. Und so wendet sich Myrrhas Amme am Abend des ersten Festtages an Kinyras, der sich allein und ein wenig angetrunken in seinem Schlafgemach befindet, und tauscht damit die Rolle des Kindermädchens gegen die der Kupplerin. Sie teilt dem König mit, es gebe da ein wunderschönes junges Mädchen, das ihn abgöttisch liebe und unbedingt das Bett mit ihm teilen wolle. Kinyras erkundigt sich, wie alt dieses Mädchen denn sei. »Ungefähr so alt wie Eure Tochter Myrrha«, antwortet die Amme. »Bring sie zu mir!«, befiehlt er.

Ich kann mir an dieser Stelle die Bemerkung nicht verkneifen, dass hier derselbe Mann mittleren Alters, der wahrscheinlich erschaudern würde bei dem Gedanken, dass seine Tochter sich mit einem Mann einlassen könnte, der alt genug ist, um ihr Vater zu sein – mit schlabbriger Haut, aus den Ohren sprießenden Haarbüscheln und all dem –, ebenso selbstverständlich davon ausgeht, er selbst stünde in der

Blüte seines Lebens und sei tatsächlich attraktiv für eine um etliche Jahre jüngere Frau. War das schon immer so? Wie dem auch sei, zur finstersten Nachtzeit liefert die Amme jedenfalls eine zitternde Myrrha im Schlafgemach des Königs ab, die sich ihrer Sache nun doch nicht mehr so ganz sicher ist. Aber vielleicht war Kinyras ja ein zärtlicher Liebhaber. Als Myrrha in dieser ersten Nacht sein Bett verlässt, immer noch im Schutz der Dunkelheit, ist sie keine Jungfrau mehr und bereits schwanger. Auch in der darauffolgenden Nacht steigt sie zu ihm ins Bett, offenbar nun schon weniger zögerlich, dann in der nächsten und der darauffolgenden ebenso. Kinyras weiß immer noch nicht, wer ihn da Nacht für Nacht besucht. Doch schließlich – wie Psyche, die ihren Liebhaber, dem sie immer nur nachts begegnet ist, unbedingt bei Licht erblicken wollte – zündet Kinyras eine Lampe an und erkennt in dem jungen Mädchen, das neben ihm im Bett liegt, seine eigene Tochter.

Entsetzt und schockiert über das, was er just getan hat, greift Kinyras nach seinem Schwert, um Myrrha zu töten; seine geliebte Tochter, die ihn nun abstößt, weil sie ihn fälschlicherweise auf falsche Weise geliebt hat. Sie jedoch weicht seinen Hieben aus und entflieht in die Nacht. Sie läuft um ihr Leben und gelangt irgendwie – obwohl Zypern ja eigentlich eine Insel ist ... – nach Arabien. Mit jedem Tag wird das Kind in ihrem Bauch schwerer, und ihr Schamgefühl wächst. Am Ende ihrer Kräfte fleht sie schließlich irgendeinen Gott an, der sie gerade hört, ihr Leben zu beenden, ihr jedoch den Tod zu ersparen. Noch während sie spricht, wachsen Wurzeln aus ihren Füßen, verwandeln sich ihre Arme in Zweige, ihr Blut in Pflanzensaft und ihre Haut in Rinde: Sie ist zu einem Baum geworden und wird in dieser Gestalt bis in alle

Ewigkeit vor Kummer und Scham weinen. Kurze Zeit darauf öffnet sich ein Spalt im Stamm, und das Kind wird geboren, das in der inzestuösen Verbindung zwischen Myrrha und Kinyras gezeugt wurde.

Und wissen Sie, was an dieser Geschichte noch so ungewöhnlich ist? Das Ende ist zwar traurig, aber es gibt trotzdem eine Art Erlösung. Der Pflanzensaft, der aus diesem Baum austritt, galt in der Antike als eine der kostbarsten Substanzen: Myrrhe wurde bei Bestattungen als Räuchermittel verwendet, war Bestandteil von Parfums und hoch geschätzt als Aromastoff für Wein. Und das Baby von Myrrha und Kinyras? Nein, es war durchaus keine Missgeburt, wie Sie vielleicht vermuten, ganz im Gegenteil – es war Adonis, dessen Name als Synonym für männliche Schönheit schlechthin gilt; ein Jüngling von so außergewöhnlicher Attraktivität, dass selbst Venus vor Liebe zu ihm verging.

VENUS UND ADONIS
Unerwartete Wendungen

D ie Geschichte von Venus und Adonis ist einer der frei-
mütigsten Liebesmythen und gleichzeitig einer der
überraschendsten – und das nicht nur, weil es hier darum
geht, dass nicht einmal die Göttin der Liebe glücklich lieben
kann (und wenn man mal darüber nachdenkt, ist das schon
recht bemerkenswert).

Auch hier begegnen wir wieder in Ovids *Metamorphosen* der
uns vertrautesten Version. Das Kind Adonis wird geboren aus
der Rinde des Myrtenbaumes, in den seine Mutter wegen Inzests verwandelt worden war. Waldnymphen finden ihn und
nehmen ihn in ihre Obhut. Er ist ein Kind von außergewöhnlicher Schönheit, welche sich im Laufe der Jahre, während
er zu einem jungen Mann heranwächst, nur noch steigert.
Schließlich wird Venus selbst auf ihn aufmerksam, und sie
entbrennt in einer solchen Liebe wie jeder andere Sterbliche
zuvor, bei dem sie diese Leidenschaft entfacht hatte. Die Beziehung zu Adonis ist keine beiläufige Liebelei für Venus. Sie
gibt all ihre Gewohnheiten auf, um mehr Zeit in der Gesellschaft ihres jungen Geliebten zu verbringen. Sie besucht die
Insel Cythera nicht mehr, wo sie, aus dem Meeresschaum geboren, an Land gestiegen war, und auch nicht Paphos, die ihr
geweihte Stadt; sogar dem Olymp und der Gesellschaft der
anderen Götter entzieht sie sich. Sie verwandelt sich, was

wenig nachvollziehbar ist, für Adonis in eine Naturfreundin, die sich für die Jagd mehr als für alles andere interessiert. Gemeinsam verbringen sie den Tag mit der Jagd auf Rotwild und Kaninchen. Weder auf die Felsen und Dornen achtend, noch darauf, dass sie ihre übliche Schönheitspflege vernachlässigt, streift Venus durch die Gegend. Dabei erinnert sie eher an Diana, die jungfräuliche Göttin der Jagd, als an die Göttin der Liebe. Aber Diana hätte natürlich keinerlei Interesse daran gehabt, ihren jagenden Begleiter in ihr Bett zu bekommen.

Venus kennt ihre Grenzen als Jägerin. Die gefährlicheren Raubtiere – wilde Eber, Bären, Wölfe und Löwen – fürchtet sie und bittet auch Adonis, ihnen gegenüber den nötigen Respekt aufzubringen. Aber er ist jung und unbedacht und würde genauso wenig wie jeder andere junge Mann der Sicherheit den Vorzug geben, wenn sich die Gelegenheit zu etwas Aufregendem bietet. Und so geht Adonis eines Morgens, als Venus sich endlich von ihm losgerissen hat und mit ihrem von Schwänen gezogenen Gespann nach Paphos fliegt, mit seinen Hunden auf die Jagd. Er folgt einem vertrauten Pfad, als die Hunde auf einen im Wald versteckten Eber stoßen. Sie jagen das Tier aus dem Dickicht heraus, Adonis nimmt die Verfolgung auf. Er wirft seine Lanze und durchbohrt die Flanke des Ebers, aber es gelingt ihm nicht, den Todesstoß zu setzen. Der Eber greift Adonis an, der jedoch der Kraft und der Schnelligkeit des Tieres nicht gewachsen ist. Der Eber holt den Jüngling ein, der nun angstvoll um sein Leben rennt, und schlägt seine Hauer tief in Adonis' Unterleib. Leblos und schauerlich geschlechtslos lässt der Eber Adonis auf einer gelblich-sandigen Ebene zurück. Das aus seinem verstümmelten Körper triefende Blut färbt den Sand purpurrot.

Hoch in den Lüften hört Venus aus der Ferne die Schreie von Adonis und kehrt mit ihrem Gespann um. Sie eilt zu ihm zurück und trauert neben seiner Leiche, wie es jede Sterbliche tun würde. Sie rauft sich die Haare, zerreißt ihr Gewand und verwünscht das Schicksal, das ihren Geliebten hat sterben lassen. Aber nun hat Venus ja bestimmte Möglichkeiten, die Sterblichen eben nicht zur Verfügung stehen. Sie verkündet, es werde ein Denkmal für Adonis und ihre Trauer geben, eines, das flüchtig und gleichzeitig ewig ist: eine rote Blume, die jedes Jahr wiederkehren, aber nur kurz erblühen wird, bevor ihre Blütenblätter vom Wind fortgetragen werden. Sie besprenkelt das trocknende Blut von Adonis mit Nektar, und innerhalb einer Stunde schon erscheint die erste Anemone. Was mich zu der Frage führt: Ist Adonis wirklich tot? Oder wurde dem sterblichen Adonis ewiges Leben gewährt – wenn auch nur jahreszeitlich begrenzt in einem bestimmten Rhythmus? Und, mal ganz grundsätzlich gefragt, war er überhaupt sterblich?

Der Name »Adonis« ist etymologisch gesehen aus dem hebräischen Wort »Adonai« für »Herr« oder »Meister« abgeleitet, und Forscher sind sich darüber einig, dass er, genau wie der hebräische Begriff, eine göttliche Konnotation annehmen kann. Das liefert natürlich einen wichtigen Anhaltspunkt, ebenso wie eine anderslautende Geschichte über Adonis' Kindheit, die wir in der Zusammenstellung klassischer Mythen finden, die Pseudo-Apollodor zugeschrieben wird. Venus – besser gesagt, Aphrodite, denn wir bewegen uns von einer römischen Version zurück zu einer griechischen – sah Adonis zum ersten Mal nicht als Jüngling, sondern als Kind. Sie fand ihn schon gleich nach seiner Geburt und legte ihn in einen Korb. Da sie aber nicht willens oder nicht fähig war, für ihn zu sorgen, bat sie Persephone, die Göttin der Unterwelt, vorübergehend seine Obhut zu übernehmen. Persephone wuchs der Junge so sehr ans Herz, dass sie ihn nicht gehen lassen wollte, als die Zeit gekommen war. (Und wohlgemerkt, in dieser Geschichte scheint keine der Göttinnen je den Plan zu verfolgen, Adonis als Liebhaber zu erobern; sie stehen eher zueinander wie eine Pflegemutter zum Kind oder vielleicht sogar wie eine Herrin zum Diener oder Sklaven.) Zeus wird herbeigerufen, um ein Urteil zu sprechen, und als Kompromiss verkündet er, Adonis solle jedes Jahr vier Monate mit Persephone in der Unterwelt verbringen, vier Monate mit Aphrodite auf der Erde und vier Monate nach seinem eigenen Gutdünken. Adonis entscheidet sich dafür, jene frei verfügbaren Monate ebenfalls mit Aphrodite zu verbringen. In dieser Konstellation wird die Geschichte von Adonis eine von Tod und Wiedergeburt und spiegelt die Sage von Persephone selbst: Diese muss vier Monate im Jahr in der Unterwelt bei Hades verbringen, dann steht auf der Erde das Wachstum still, denn es ist Winter. Die restlichen acht Monate darf sie auf der Erde verbringen, dann ist der Boden fruchtbar.

Obwohl hier kein Zusammenhang besteht, ist es doch nicht ganz so überraschend, dass der Adonis von Ovid als Blume endet. Es zeigt sich also, dass die Figur seit jeher mit Mythen um Fruchtbarkeit und Wachstum verbunden war. Und das lässt sich sogar noch weiter zurück und noch weiter nach Osten zu den Wurzeln des Charakters in Asien verfolgen. Im antiken Athen schließlich gab es tatsächlich ein jährliches Fest, »Adonia« genannt, was darauf hinweist, dass diese Assoziationen in Griechenland noch sehr aktuell waren. Ein paar Tage im Jahr sollen die Frauen Athens um

Noch nicht einmal Venus, die Göttin der Liebe, kann Adonis von seinem liebsten Zeitvertreib abhalten.

Peter Paul Rubens: »Venus und Adonis«, um 1630. Öl auf Leinwand, 197,5 × 242,9 cm. Metropolitan Museum of Art, New York

den Tod von Adonis getrauert und dann seine Wiedergeburt gefeiert haben, während sie unentwegt ihre eigenen »Adonisgärten« gossen und versorgten – anscheinend Töpfe mit schnell wachsenden Pflanzen, die man dann am Ende des Festes absterben ließ.

Aber den Adonis, mit dem wir begonnen haben, möchte ich nicht völlig aus den Augen verlieren: diesen sehr menschlichen und sehr gut aussehenden Liebhaber der sehr heterosexuellen Venus. Auch das gehört zur Geschichte, und tatsächlich ist es das, was am häufigsten bildlich dargestellt wird, von attischen rötlichen Vasenmalereien bis hin zu den üppigen Bildern der Renaissance und der frühen Moderne von Tizian, Rubens, Veronese und Poussin. Wie also kommt es, dass mit fortschreitender Zeit der Charakter des Adonis heute so häufig als homosexuell eingestuft wird? Ja, auffallend oft wird der Name für Restaurants, Hotels oder Kinos benutzt, die sich an ein in erster Linie homosexuelles Publikum wenden.

Sicher, seine legendäre Schönheit macht ihn sowohl für Männer als auch für Frauen begehrenswert, aber in der Antike gibt es doch genug andere Männer, die für ihr gutes Aussehen ebenso berühmt sind. Der Mythograph Hyginus liefert in seiner antiken Sammlung von Sagen und Beschreibungen eine Auflistung von ihnen unter der Rubrik »Besonders hübsche Jünglinge«. Außer Adonis nennt er Endymion, Ganymed, Hyakinthos, Narziss, Hermaphroditos, Hylas und Chrysippos. Von diesen sind drei als Geliebte von Männern berühmt – Ganymed wurde von Jupiter begehrt, Hyakinthos von Apollon und Hylas von Herakles. Obwohl es in einem erhaltenen griechischen Textstück Hinweise darauf gibt, dass sowohl Herakles als auch Apollon sich selbst als Rivalen um die Gunst Adonis' sahen, scheint dies keine verbreitete Geschichte zu sein. Ich frage mich, ob es nicht Shakespeare ist, der uns hier Aufschluss geben kann. Seine frühe Dichtung *Venus und Adonis* ist sicherlich eines seiner Werke mit den meisten sexuellen Anspielungen. Diese finden sich vor allem in den zunehmend verzweifelten, sowohl körperlichen als auch verbalen, Versuchen der Göttin, den jungen Mann zu verführen. Ovid hält sich im Hinblick auf Details ihrer Beziehung taktvoll zurück, aber wir zweifeln doch keinen Moment daran, dass sie intim waren. Shakespeare andererseits bringt sehr deutlich zum Ausdruck, dass sie es nicht waren. Adonis hat nicht das leiseste Interesse an Venus und schafft es, all ihre Annäherungsversuche zurückzuweisen. Seine Argumention: Mit 16 Jahren sei er zu jung für so etwas. Er behauptet, sie verwechsle schlicht und einfach Lust mit Liebe. Auf flehentliche Avancen, die zu den erotischsten der gesamten Literatur der Renaissance gehören, lautet seine Antwort, er würde lieber in Ruhe gelassen werden und jagen gehen. Ich werde wohl nicht die Einzige sein, die den Eindruck hat, er hätte vielleicht andere Prioritäten gesetzt, wären es Mars oder Apollon gewesen, die ihn zu verführen versuchten.

PYRAMUS UND THISBE
Knapp verpasst

D ie Sage von Pyramus und Thisbe ist wohl eine der
abwegigsten Liebesgeschichten der klassischen Mythologie. Die groben Züge der Geschichte sollten bekannt
sein: Die beiden jungen Menschen leben nebeneinander, Tür
an Tür. Beide sind (wen wundert es) außergewöhnlich gut
aussehend und kennen sich schon seit ihrer Kindheit. Mit
der Zeit wird aus der Bekanntschaft Liebe, ihre Familien
aber sind bis aufs Blut verfeindet und verbieten den jungen
Leuten jeglichen Kontakt zueinander. Glücklicherweise gibt
es einen Spalt in der Wand zwischen den beiden Häusern,
was ebenso glücklicherweise außer Pyramus und Thisbe bisher nie jemand bemerkt zu haben scheint. Also gewöhnen
sie sich daran, sich heimlich durch diese Ritze hindurch zu
unterhalten. Küssen können sie sich durch das Loch aber
nicht, weshalb sie sich damit begnügen müssen, die Wand zu
küssen. Als ihnen dieser schwache Ersatz für eine echte Berührung nicht mehr ausreicht, brüten sie einen Plan aus, um
gemeinsam aus der Stadt zu fliehen. Sie wollen warten, bis
die Nacht einbricht und sich dann aus den Elternhäusern da-
vonstehlen. Jetzt könnte man ja annehmen, sie einigen sich
darauf, sich auf der Straße oder gleich um die Ecke zu treffen, aber nein, das wäre zu simpel und würde die Geschichte
nicht voranbringen. Sie machen stattdessen aus, sich außer-

halb der Stadtmauer zu treffen, am Grab von König Ninus, an einer Quelle in der Nähe einer Höhle unter einem weißen Maulbeerbaum.

Thisbe trifft als Erste dort ein, und wie es der Zufall will, hat sie auch schon bald Gesellschaft, allerdings nicht die von Pyramus. Eine Löwin, die soeben ein grasendes Rind getötet und gefressen hat. Das Blut des Opfers trieft noch von ihrem Maul herab, als sich das Raubtier der Quelle nähert, um seinen Durst zu stillen. Thisbe gerät in Panik – eine Reaktion, die unter diesen Umständen nur zu verständlich ist – und flüchtet sich in die Höhle. Beim Weglaufen verliert sie ihren Schal, den sie auf dem Boden zurücklässt. Und jetzt wird das Ganze wirklich abwegig. Wenn die Löwin an der Quelle trinkt, sollte man doch meinen, dass durch das Wasser das Blut von ihrem Maul weggewaschen würde, aber dann wären uns die weiteren Verwicklungen der Geschichte ebenfalls entgangen. Die Löwin trinkt sich also erst einmal satt und als sie sich davonmacht, entdeckt sie Thisbes Schal. Sie packt ihn mit ihren Zähnen, zerfetzt ihn und hinterlässt überall darauf Blutflecken; irgendwann ist sie offensichtlich gelangweilt und lässt ihn wieder fallen, bevor sie sich in den Wald zurückzieht. In diesem Moment kommt Pyramus herbei, sieht die Spuren der Löwin und das blutige Tuch, schaut gar nicht weiter nach und zieht den voreiligen Schluss, Thisbe sei gefressen worden. Er gibt sich selbst die Schuld an ihrem Tod, zieht sein Schwert und begeht Selbstmord, und zwar auf eine ziemlich dramatische Art und Weise. Zuvor hält er noch eine Ansprache, die Thisbe, die sich ja in der nahegelegenen Höhle aufhält, unerklärlicherweise nicht hört, dann sticht er sich mit seinem Schwert nieder; sein Blut schießt heraus und färbt die Früchte des Maulbeerbaums purpurrot.

Und nun kommt Thisbe aus der Höhle, ahnungslos, welche Tragödie sich hier eben abgespielt hat. Sie ist etwas durcheinander und unsicher, ob sie sich überhaupt am richtigen Ort befindet, denn sie sucht einen Baum mit weißen Beeren, sieht aber stattdessen nur einen mit roten Früchten. Dann aber entdeckt sie am Boden den sterbenden Pyramus. Ich bin nicht sicher, ob sie es überhaupt nachvollziehen kann, warum er sich umgebracht hat (und wie sollte sie auch?), aber sie bekennt sich zu ihrer Liebe und tut es ihm nach. Bevor sie stirbt, wirft sie sowohl ihren eigenen als auch seinen Eltern die Feindschaft zwischen ihnen vor, die sie nicht hat zusammenkommen lassen, und sie gibt ihrer Hoffnung Ausdruck, zusammen mit Pyramus im selben Grab zu liegen. Selbstredend ist niemand dort, der ihren Wunsch hören könnte, aber irgendwie erreicht die Botschaft die Eltern, und Pyramus und Thisbe werden gemeinsam unter dem Maulbeerbaum bestattet, der nun für immer rote Früchte tragen wird.

Ich bin bei Weitem nicht die Erste, die die Geschichte dumm findet, angefangen vom Spalt in der Wand zu Beginn bis zu der endlosen Reihe von Zufällen und Missverständnissen, die auf das Ende hinführen. Auf der einfachen Handlungsebene ist sie viel zu kompliziert, um einleuchtend zu sein. Shakespeare parodiert das Stück in *Ein Sommernachtstraum*, wo die einzigen Personen, die nicht in den Spaß eingeweiht sind, Niklaus Zettel (englisch: Nick Bottom) und die anderen Handwerker sind. Sie proben und führen dann ihr Stück »Pyramus und Thisbe« als Tragödie auf – was bekanntermaßen großes Gelächter hervorruft. Das Musical *The Fantasticks* spielt mit der Geschichte auf eine andere amüsante Art und Weise: Zwei Väter, die sich verzweifelt wünschen, dass ihre Kinder heiraten, geben vor, bis aufs Messer verfeindet zu sein, damit die junge Generation rebelliert. So tun die Kinder am Ende genau das, was die Eltern wollen. In den meisten Fällen jedoch wurden Pyramus und Thisbe – zumindest aber ihre berühmteren Nachfahren – ernster genommen. Ich denke da zunächst an *Romeo und Julia*. Shakespeare baute sein Stück nicht explizit auf dem Mythos von Pyramus und Thisbe auf; vielmehr entnahm er die Details seiner Version, darunter der italienische Schauplatz und die Namen, einigen etwas früheren englischen Versionen. Diese wiederum sind Varianten italienischer Erzählungen der Renaissance über die traurigen Geschehnisse der Familien Montague und Capulet von Verona. Gott sei Dank wurde in all diesen auf die hungrige Löwin verzichtet, obwohl ich mich ja auch frage, ob es wirklich so viel glaubwürdiger ist, dass Julia einen Schlaftrunk nimmt, der einfach jeden davon überzeugt – nicht nur ihren jungen Geliebten, sondern auch ihre Eltern, ihre Amme, die ganze Stadt –, dass sie tot ist. Der vorgetäuschte Tod der Heldin, gefolgt vom Selbstmord des Helden, wiederum gefolgt vom echten Tod der Heldin, und das alles innerhalb von Minuten – das alles ist ja immer noch ziemlich melodramatisch. So ist es auch nicht verwunderlich, dass diese Geschichte im 19. Jahrhundert auf der Opernbühne landet, zuerst mit *I Capuleti e i Montecchi* von Bellini, später mit *Roméo et Juliette* von Gounod. Trotz all ihrer Unzulänglichkeiten hat die Geschichte zweifellos Durchhaltevermögen bewiesen.

Was immer Sie nun auch von Pyramus und Thisbe, von Romeo und Julia oder von Tony und Maria in der *West Side Story* (die natürlich auch eine Variante des Themas ist) halten, fest steht, dass die Liebenden immer im Mittelpunkt stehen, mit denen wir denn auch mitfühlen sollen. Wir erfahren inter-

Wäre Thisbe etwas weniger auf-
wendig gekleidet gewesen, als sie sich
von zu Hause davonstahl, hätte sie
vielleicht den Verlust ihres Schals
bemerkt – und alles wäre anders ge-
kommen.

Hans Leonhard Schäufelein: »Pyramus und Thisbe«, um 1510. Holzschnitt, 22,9 × 15,3 cm. München,
Staatliche Grafische Sammlung

essanterweise weder in der Sage von Pyramus und Thisbe noch in *Romeo und Julia* jemals, warum die beiden Familien eigentlich so zerstritten sind. Bei der *West Side Story* kennen wir den Grund, und der ist wahrlich nicht erfreulich, denn es geht um ethnische Vorurteile. Alles in allem ist es aber in jeder Version die – vielleicht unbesonnene, aber aufrichtige – Beziehung zwischen den beiden Liebenden, welche die Wunden heilt und nach deren Tod die Versöhnung eintreten kann. Ende gut, alles gut (obwohl man sicher ein »… lebten glücklich bis an das Ende ihrer Tage« dem »… ruhen vereint« vorziehen würde).

Ich als Mutter versetze mich manchmal an die Stelle von Pyramus' Eltern oder die Julias. In diesen Momenten, und nur dann, merke ich, dass mich diese Geschichte doch berührt, dass ich beginne, sie doch ernst zu nehmen und eine ganz andere Vielschichtigkeit darin zu erkennen.

Meine ersten Gedanken sind dann, wie unvorstellbar groß Kummer, Schuldgefühle und Entsetzen der Eltern sein müssen, deren Handeln mehr oder minder zu dem Unglück oder – unvorstellbar – zum Tod ihres eigenen Kindes geführt hat. Wenn ich meine Gedanken derart schweifen laufen lasse, habe ich weit mehr Schwierigkeiten, sie in Worte zu fassen.

Ich sehe mich selbst gern als einen aufgeschlossenen Menschen. Unabhängig davon liegen mir auch jene kulturellen und religiösen Werte sehr am Herzen, mit denen ich aufgewachsen bin. Für die meine Familie ausgelöscht wurde, als ich ein Kind war, und für deren Erhaltung ich mein Leben lang gekämpft habe, damit ich sie auch meinen Kindern weitergeben konnte. Es war und ist für mich eine grenzenlose Freude zu sehen, dass diese Dinge in der Welt rings um mich wieder aufblühen.

Man kann wohl durchaus sagen, dass mir nur wenige Dinge im Leben wichtiger waren als das Glück meiner Kinder und Enkelkinder. Wie aber würde ich reagieren, sollte dieses Glück mit den für mich wichtigsten Werten in einen Konflikt geraten? Sei sie nun tragisch oder absurd, die Geschichte von Pyramus und Thisbe kann nur, und nur dann, glatt und moralisch unanfechtbar enden, wenn die Konflikte zwischen den beiden Familien albern oder verabscheuenswürdig bleiben. Was aber, wenn die Differenzen wirklich bedeutsam sind, wenn es kein Richtig oder Falsch gibt, auf keiner der beiden Seiten? Haben die Eltern von Pyramus und Thisbe vielleicht ihre eigene Geschichte zu erzählen? In diesem Fall könnte der Mythos von der Liebe zwischen Pyramus und Thisbe tatsächlich richtig kompliziert werden.

HERO UND LEANDER
Waghalsige Liebe

Ich war immer schon risikofreudig, und ich hoffe, dass nie der Tag kommt, an dem ich aufhöre, mein Glück zu wagen. Als ich ganz jung war, beneidete ich die Schildkröte, die sich in die perfekte Sicherheit ihres Panzers zurückziehen konnte. Doch dann wurde mir klar, dass eine Schildkröte, die sich ganz in sich selbst verkrochen hat, ebenso gut ein Stein sein könnte. Um die Welt um sich herum zu sehen und um weiterzukommen, muss sie ihren Nacken nach draußen strecken. Das birgt zweifellos Gefahren in sich, die Belohnung für etwas Risikobereitschaft aber kann gewaltig sein. Ich mag mir gar nicht vorstellen, was mir alles entgangen wäre – in der Familie, mit Freunden, bei der Arbeit und in der Liebe –, wenn ich nur still dagesessen hätte und immer auf Nummer sicher gegangen wäre.

Manchmal ist es aber einfach nur dumm, einige Risiken einzugehen, und ich fürchte, dass die sehr romantische Geschichte von Hero und Leander dafür ein Beispiel bietet. Wir kennen sie am ausführlichsten aus dem Gedicht eines griechischen Dichters, von dem wir nicht viel mehr wissen als seinen Namen, Musaios, und dass er im 5. oder 6. Jahrhundert unserer Zeitrechnung lebte. Zweifellos jedoch stützte er sich schon auf frühere Quellen. Auch Ovid bringt einen Teil der Geschichte in zwei Briefen der *Heroides* unter.

An einer der engsten Stellen des Hellesponts, jener Meeresenge in der heutigen Türkei, die das Marmarameer mit dem Ägäischen Meer verbindet und Europa von Asien trennt, lagen sich die antiken Städte Sestos und Abydos gegenüber. In Sestos gab es einen der Venus geweihten Tempel, in dem in jedem Sommer ein großes Fest zu Ehren der Göttin und ihres verlorenen Geliebten Adonis stattfand. Die Stadt füllte sich dann mit zahllosen Festgästen, darunter auch viele junge Leute, die angeblich kamen, um die Göttin zu verehren. In Wirklichkeit aber, wie es scheint, wollten sie aufmerksam all die anderen jungen Leute mustern, vor allem die des anderen Geschlechts. Ich stelle mir die Szene etwa so vor wie das Sehen-und-gesehen-Werden während eines Sommerabends an der Strandpromenade eines beliebigen Ferienorts.

Die bei Weitem Begehrenswerteste unter den jungen Frauen war Hero, eine Priesterin der Venus. Viele der jungen Männer machten ihr schöne Augen und verglichen sie eher mit einer Göttin als mit einer Sterblichen. Wie sie durch den Tempelbezirk schritt, glich sie, wenn schon eine Sterbliche, dann am ehesten der berühmten Helena. Aber der Einzige, den sie wirklich mit einem Blick bedachte, war der hübsche Leander, der an jenem Tag aus Abydos herübergekommen war. Ermutigt arbeitete er sich durch die Menge, berührte ihr Gewand, ergriff ihre Hand und führte sie an eine abgelegene Stelle im Schatten des Gebäudes.

Der Kult der Venus oder Aphrodite wurde auf unterschiedliche Weise zu unterschiedlichen Zeiten in der ganzen Welt der Antike praktiziert. Da sie die Göttin der körperlichen Liebe war, nehme ich an, war es nicht völlig anstößig, dass es an einigen Orten sogar Tempelprostituierte gab, die ihr dienten. Hero aber ist keine davon. Eigentlich bin ich mir

Haben Wasserleichen jemals so wunderbar sinnlich ausgesehen? Dieses romantisierende Bild des Todes von Hero und Leander sendet eine tückische, das überstürzte Verhalten der Liebenden verherrlichende Botschaft.

Karl Theodor von Piloty: »Hero und Leander«, um 1859. Öl auf Leinwand, 81,5 x 54,5 cm. Köln, LETTER-Stiftung

überhaupt nicht im Klaren darüber, welche Sorte Priesterin sie gewesen sein könnte oder ob die Rolle, die sie innehat, überhaupt einen Bezug zur historischen Wirklichkeit hat. Sie erklärt dem attraktiven jungen Fremden, dass sie kurz vor der Stadtmauer in einem abgelegenen Turm am Meeresufer lebt, allein bis auf eine ergebene alte Amme. Sie erzählt ihm auch, dass sie Jungfrau ist. Leander beeilt sich, ihr klarzumachen, dass dies doch sonderbar sei. Ihre Verehrung der Venus, so legt er ihr dar, würde doch viel bedeutungsvoller werden, wenn sie sich mit ihm auf eben das einlassen würde, was die Göttin bekanntermaßen anpreist und vertritt. Die sexuelle Anziehung zwischen den beiden ist greifbar und intensiv. Hero lässt sich auch schnell überzeugen, weist aber auch auf die praktischen Schwierigkeiten hin. Ihre Eltern würden ihr nie erlauben, einen Fremden zu heiraten, noch dazu einen aus Abydos (im Umkehrschluss erfahren wir somit, dass, obwohl sie eine Priesterin ist, mit der richtigen Person eine Heirat möglich wäre); Sestos sei außerdem ein kleiner Ort mit Klatschbasen, die nur darauf warteten, ihre Nasen in jedermanns Angelegenheiten zu stecken. Wenn sie und Leander ein Liebespaar werden sollen, dann müssten sie sich heimlich treffen.

Bevor Leander an diesem Tag aufbricht, machen sie einen Plan: In der Nacht wird Hero oben in ihrem Turm ein Licht anzünden, das für Leander auf der anderen Seite des Hellespont in Abydos sichtbar ist. Es soll sowohl ein Zeichen dafür sein, dass er zu ihr kommen soll, als auch als Leuchtfeuer dienen, um ihm den Weg zu weisen. Sobald er sicher sein kann, dass niemand seine Abwesenheit bemerkt, wird er aus dem Elternhaus schleichen und über den Kanal schwimmen, um die Nacht mit Hero zu verbringen. Am nächsten Morgen wird er kurz vor der Dämmerung unbeobachtet auf demselben Weg zurückkehren. Nur Heros Amme darf davon wissen. Warum es besser sein soll zu schwimmen, als ein kleines Boot zu nehmen, wird nie erklärt. Vielleicht ist ein einzelner Schwimmer spät in der Nacht weniger auffällig als jemand in einem Boot. Vielleicht scheint es auch einfach die männlichere Art zu sein, oder die sinnlichere (Leander wird immer nackt schwimmen). Wenn sie die Dinge nicht so überstürzt angegangen wären, hätten sie sich alles vielleicht ein bisschen gründlicher überlegt. Stattdessen schwimmt Leander noch in derselben Nacht zum ersten Mal durch den Hellespont, und er und Hero werden ein Liebespaar. Den ganzen Sommer wird er Nacht für Nacht zu ihr zurückkehren.

Es ist nun durchaus nicht unmöglich, den Hellespont (oder die Dardanellen, wie sie heute genannt werden) schwimmend zu durchqueren. Um es Leander gleichzutun, schwamm im Mai des Jahres 1810 ein junger Lord Byron die Strecke zwischen Sestos und Abydos in etwas mehr als einer Stunde und schrieb ein Gedicht darüber. Genau 200 Jahre später wurde an diesem Tag ein Schwimmwettbewerb organisiert, das »Byron Swim Festival«, an dem 200 Schwimmer teilnahmen, um an Byrons Aktion zu erinnern. Wie aber die Schwimmer der Neuzeit schnell am eigenen Leib erfuhren, kann das Wasser in der Meerenge kalt und heimtückisch sein, und jeder, der den Kanal durchqueren möchte, muss gegen eine starke Nord-Süd-Strömung ankämpfen, die vom Marmarameer bis hinunter zum Ägäischen Meer verläuft. Diejenigen Schwimmer, deren Kraft nachgab, bevor sie es ganz hinübergeschafft hatten, oder jene, die trotz der modernen Neoprenanzüge nach und nach an Unterkühlung litten, wurden aus dem Wasser geholt und von Begleitschiffen in Sicherheit gebracht.

Der verliebte Leander konnte natürlich auf eine solche Unterstützung nicht zurückgreifen.

In Ovids Erzählung wird das junge Pärchen von der Tragödie heimgesucht, als es noch Sommer ist, nachdem eine Zeit stürmischen Wetters sie für sieben Nächte getrennt hatte. Bei Musaios ist es dagegen schon Winter. Hero zündet, auch als es Herbst wird, weiterhin ihr Leuchtfeuer an, und Leander stürzt sich jede Nacht in das immer kälter werdende Wasser, um Sturm, Wind und Frost zum Trotz zu seiner Geliebten zu gelangen. Es wäre natürlich weise und umsichtig von Hero gewesen, einmal auf das Meer hinauszuschauen und den Seegang zu begutachten, dann hätte sie aus Sorge um die Sicherheit ihres Geliebten vielleicht das Licht im Turm ausgelöscht, bis sich wieder wärmeres Wetter und eine ruhigere See eingestellt hätten. Aber sie ist nicht weise und umsichtig. Und es ist mehr als töricht von Leander, sich nackt und allein in die Dunkelheit hinauszuwagen, wenn nicht einmal ein Seefahrer die Sicherheit des Hafens verlassen würde. Aber er ist verrückt vor Liebe, und eine Nacht mit Hero ist ihm jedes Risiko wert.

Bei Ovid schreibt Leander an Hero, dass, sollte er bei seinem nächsten Versuch, den Hellespont zu durchschwimmen, sterben, er darauf hofft, dass sie dann seinen Leichnam findet, ihn beweint und anerkennt, dass er aus Liebe zu ihr gestorben ist. Man kann das als eine Vorahnung oder einfach nur als Worte eines heranwachsenden Jungen sehen, der versucht, seine Freundin mit seinen dummen romantischen Bravourstücken zu beeindrucken. Wie es der Zufall jedenfalls will, ertrinkt er bei seinem nächsten Versuch, und als Hero am nächsten Morgen seinen leblosen Körper am Ufer sieht, reagiert sie unverzüglich auf diese Entdeckung, aber nicht, indem sie um ihn weint, sondern indem sie sich von ihrem Turm aus zu Tode stürzt.

Ich sage ja oft, dass das Gehirn das wichtigste Geschlechtsorgan überhaupt ist. Ich fürchte allerdings, in dieser Hinsicht waren Hero und Leander trotz – oder wegen – ihrer Jugend, ihres guten Aussehens und ihrer sinnlichen Anziehungskraft sehr schlechte Liebhaber.

.

ORPHEUS UND EURYDIKE
Von Liebe und Verlust

Der Name Orpheus gilt ja mittlerweile geradezu als Synonym für die Macht der Poesie und der Musik: Als Sohn des Thrakers Oiagros – der, je nach Quelle, entweder ein Sterblicher oder ein Flussgott war – und der Muse Kalliope wurde Orpheus von seiner Mutter sowie deren acht Schwestern (ebenfalls Musen) großgezogen. Er wuchs also im wahrsten Sinne des Wortes in einem »musikalischen Haushalt« auf, was in dem Fall noch stark untertrieben ist. Apollon, der häufig zu Gast war, schenkte dem Kind eine goldene Leier und lehrte es, darauf zu spielen – der Grundstein für eine vielversprechende Karriere als Musiker war also gelegt.

Glaubt man den Schilderungen antiker Erzähler, so strahlte Orpheus' Gesang, den er mit den Klängen seiner Leier begleitete, eine geradezu magische Anziehungskraft aus, die alle Geschöpfe der organischen und anorganischen Natur in ihren Bann zog. Männer und Frauen, Nymphen, Vögel, wilde Tiere und Fische umringten ihn, angelockt von seiner Darbietung. Orpheus verleitete sogar die Bäume und Felsblöcke im Wald dazu, zu seiner Musik zu tanzen. Das klingt ziemlich gewagt, aber hier geht es eben um übernatürliche Kräfte, und es ist keineswegs erstaunlich, dass Orpheus als Symbol für eine Verbindung zwischen Musik und Sakralem steht, die offenbar die gesamte Menschheit nachfühlen kann. In der

Antike taucht Orpheus im Zusammenhang mit verschiedenen Kulten auf, beispielsweise mit dem Apollonkult, dem Dionysoskult und insbesondere mit den sogenannten orphischen Mysterien. Deren Theologie ist äußerst komplex und uns sehr fremd. Dass eine unsterbliche Seele in zahlreiche sterbliche menschliche Körper eingesperrt ist, kann man sich ja noch vorstellen. Aber der ursprüngliche Mythos, der den Kern dieser Mysterien bildet, scheint von einem anderen Stern oder noch aus der Urzeit zu stammen. Darin wird geschildert, wie das Götterkind Zagreus von den Titanen in Teile zerrissen und verschlungen wurde, ehe der Knabe auf die abenteuerlichsten Wege wieder, in Gestalt des Dionysos, ins Leben zurückkehrte.

Die orphischen Mysterien sind für uns wirklich sehr weit weg. Die meisten Menschen werden sich heute wahrscheinlich an etwas viel Menschlicheres erinnern, wenn sie den Namen Orpheus hören: Sie werden daran denken, dass er einst mit Eurydike verheiratet war, wenn auch nur für ganz kurze Zeit. Noch am Hochzeitstag, so die bekannteste Version der Geschichte, spazierte Eurydike nämlich in Begleitung einer Gruppe von Waldnymphen durch das hohe Gras einer Wiese, als sie von einer Giftschlange in den Knöchel gebissen wurde. Vergil berichtet dagegen in seiner *Georgica*, sie sei nicht spazieren gegangen, sondern gelaufen, um ihrem Verfolger Aristaios zu entkommen, diesem ungehobelten Gott der Schaf- und Bienenzucht, der den Menschen auch beigebracht hat, wie man Käse herstellt. Dabei stolperte sie über eine Schlange, war sofort tot und wurde sogleich in die Unterwelt hinabgeführt.

Orpheus' Kummer war grenzenlos. Schon bei Tagesanbruch sah man ihn einsam und verlassen mit seiner Leier am Ufer stehen, wo er Klagelieder über den Tod seiner Frau sang. Und wenn der Tag sich dann dem Ende zuneigte, stand Orpheus immer noch an derselben Stelle und sang. Irgendwann raffte er sich jedoch auf und fasste einen Entschluss – nein, er würde nicht nach Hause gehen und die Trauerphase abschließen, indem er sein Leben wieder aufnahm. Vielmehr würde er versuchen, einen Wunsch in die Tat umzusetzen, der die menschliche Fantasie seit ewigen Zeiten beschäftigt und das menschliche Herz schon immer zutiefst erschüttert hat: Er würde in die Unterwelt hinabsteigen und Eurydike zurückfordern. Sie konnte einfach nicht dort bleiben. Er würde sie wieder ins Leben zurückholen.

In der griechischen und in der römischen Mythologie ist die Unterwelt ein konkreter Ort, zu dem mindestens eine bestimmte Eingangspforte existiert, die von der Welt der Lebenden in die Welt der Toten führt. Ist der Zutritt zum Totenreich für einen Lebenden schon schwer zu erlangen, so ist eine Rückkehr von dort geradezu unmöglich. Die Anzahl der Sagengestalten, denen dies gelungen ist, kann man vermutlich an den Fingern einer Hand abzählen. Doch Orpheus kämpft sich durch: Ebenso wie er in der Lage war, die wilden Tiere in der oberen Welt mit seinen Liedern zu verzaubern, so gelingt es ihm auch, Zerberus, den dreiköpfigen Wachhund des Hades, gefügig zu machen. Er spielt und singt für den furchterregenden Charon, der ihn mit seiner Fähre über den Acheron setzt, den Fluss des Todes. Er dringt tiefer in den Hades ein, geht vorbei an unzähligen Schatten von Toten. Manche wandeln ruhig in Gruppen, andere erleiden schreckliche und ewige Qualen. Es gibt Scharen von unverheirateten jungen Mädchen und Jünglinge, deren Körper auf dem Scheiterhaufen verbrannt werden. Und da ist Sisyphos, der bekanntlich dazu verdammt ist, bis in alle Ewigkeit einen Felsblock bergauf zu rollen; und Ixion, der für alle Zeiten an ein sich ewig drehendes glühendes Rad gefesselt ist. Alle halten gebannt inne, als sie Orpheus' Musik hören. Schließlich erreicht dieser sein Ziel, den Hof von Hades und Persephone. Dort trägt Orpheus dem Herrscherpaar der Unterwelt seinen Fall in Form eines Liedes vor: Er bitte nicht darum, Eurydike für immer von den Banden des Todes zu befreien; ihm sei bewusst, dass sowohl er als auch sie letztendlich für immer an diesen Platz würden zurückkehren müssen. Aber Eurydike sei vor Ablauf der ihr zugewiesenen Zeit hierher gelangt. Daher bitte er darum, es möge ihr erlaubt sein, ihr Leben auf der Erde noch etwas länger zu genießen.

Die Bewohner der Hallen des Todes sind von Ehrfurcht ergriffen, Orpheus hat Hades und Persephone durch seine Musik und seine Eloquenz für sich gewonnen. Sie gewähren ihm die Bitte – allerdings unter einer recht willkürlich erscheinenden Bedingung: Orpheus dürfe Eurydike aus der Unterwelt hinausführen, aber diese müsse ihm mit einigen Schritten Abstand schweigend folgen. Sollte er sich nach ihr umdrehen, ehe sie die obere Welt erreicht hätten, werde er sie wieder verlieren.

Und genau das passiert natürlich: Als sie die ihnen vertraute Welt schon fast erreicht haben, ergreift Orpheus die Furcht, Eurydike könne vielleicht nicht mehr hinter ihm sein. Vielleicht kann er es auch einfach nicht mehr abwarten, endlich wieder das Gesicht der Frau zu erblicken, die er liebt und die ihm jetzt wie durch ein Wunder zurückgegeben wurde. Er dreht sich also nach ihr um, und schon ertönt ein gewaltiger Donnerschlag, der die gesamte Unterwelt zu erschüttern scheint. Eurydike ruft verzweifelt, sie sei verloren,

Als er Eurydike ein zweites Mal ver-
loren hat, wendet sich Orpheus in un-
tröstlichem Kummer von der ganzen
Welt ab.

Alexandre Séon: »Wehklage des
Orpheus«, 1896. Öl auf Leinwand,
73 × 116 cm. Paris, Musée d'Orsay

und er streckt die Hand nach ihr aus, um sie festzuhalten – vergeblich. Sie ist fort, entschwunden wie Rauch in der Luft. Uns ist es am liebsten, wenn die großen Geschichten des Lebens ein klares Ende haben. Daher beenden wir an dieser Stelle gewöhnlich die Erzählung von Orpheus und löschen jegliche weitere Erinnerung. Es gibt jedoch eine Fortsetzung, die uns heute zwar mit Entsetzen erfüllt, die aber für die kultische Bedeutung der Sage in der Antike wesentlich ist. Setzen wir also die Erzählung fort bis zu ihrem wahren Ende.

Nachdem Orpheus Eurydike nun ein zweites Mal verloren hat, ist sein Kummer noch größer als zuvor. Er fleht darum, man möge ihm erneut Zutritt zur Unterwelt gewähren, damit er seine Bitte nochmals vorbringen könne. Dies wird ihm verwehrt. Tagelang bewegt er sich nicht von der Stelle, isst nichts, trinkt nichts, wäscht sich nicht. Er rührt sich überhaupt nur vom Fleck, um die nächsten sieben Monate – diese Angabe findet sich jedenfalls bei Vergil – auf einem Felsvorsprung am Ufer des Strymon zu verbringen. Dort weint er unablässig und besingt seine Trauer. Bei Ovid dauert diese Trauerphase drei Jahre lang. Während dieser Zeit lehnt Orpheus jegliche weibliche Zuwendung ab, obwohl viele Frauen um seine Aufmerksamkeit ringen. Ovid fügt noch den merkwürdigen Hinweis hinzu, es sei Orpheus gewesen, der während dieser Zeit in Thrakien die Praktik eingeführt habe, dass Männer sexuell mit Jünglingen verkehren.

Und dann geschieht etwas wirklich Furchtbares: Eines Tages stürzt sich plötzlich eine Schar thrakischer Frauen, begeisterte Anhängerinnen des Dionysos, in bacchischem Rausch auf Orpheus. Wutentbrannt – entweder weil er sich von der weiblichen Liebe abgewandt oder weil er die verstorbene Eurydike so maßlos geliebt hatte – fallen sie über ihn her und reißen ihn in einer Art Nachstellung der primitiven Zerteilung des Zagreus in Stücke.

Ich bin keine Anhängerin heiliger Mysterien und ich kann nur erschaudern, wenn ich mir diesen gewaltsamen Tod vorstelle: die abgetrennten Glieder, die herausgerissenen Organe, die überall auf dem blutüberströmten Boden verteilt waren; seinen abgetrennten Kopf und seine Leier. Oberhaupt und Musikinstrument wurden beide in den Fluss Hebros geworfen, von dem aus sie ins weite Meer hinaustrieben und vielleicht irgendwann die Insel Lesbos erreichten. Gönnen Sie mir den kleinen Trost, dass sein Kopf und seine Leier dort geborgen und eine Gedenkstätte mit seinem Namen errichtet wurde.

Noch lieber stelle ich mir allerdings vor, dass Orpheus inzwischen wieder unversehrt in der Unterwelt weilt, wo er für alle Zeiten mit seiner geliebten Eurydike vereint ist.

ALKESTIS UND ADMETOS
Verlorene Liebe

Es gibt ein Spiel, das albtraumähnliches Entsetzen auslöst und das wohl viele von uns irgendwann in ihrem Leben schon einmal gespielt haben; allein oder gemeinsam mit anderen, ob wir es zugeben oder nicht: Man stelle sich eine fiktive Situation vor, in der wir darüber entscheiden müssen, welcher Mensch sterben muss, damit ein anderer leben kann. Angenommen, es handelt sich dabei um einen genialen und weltberühmten Künstler auf der einen Seite – der großartige Meisterwerke geschaffen hat, im alltäglichen Leben aber ein gemeines, hinterhältiges Individuum ist. Und auf der anderen Seite um eine unbekannte Person, von bescheidenem Rang, die keine besonderen Leistungen vorweisen kann, die aber allen Menschen, mit denen sie in Kontakt kam, mit Güte begegnet ist. Kann man dem einen Leben einen höheren Wert beimessen als dem anderen? Welches von beiden sollte verschont bleiben? Noch schlimmer, wenn man gezwungen wäre, jemanden zu opfern, den man kennt und liebt – vielleicht sogar ein Mitglied der eigenen Familie –, damit ein anderer geliebter Mensch leben kann. Wie in dem Film *Sophies Entscheidung*. Allein der Gedanke erfüllt einen mit Entsetzen! Aber genau diese Entscheidung fällte einst Admetos, König von Pherai in Thessalien. Und die nach ihm benannte Sage enthält noch eine weitere unangenehme Wende – das Leben, das er auf Kosten eines anderen Menschen retten wollte, war sein eigenes. Die Tatsache, dass die Geschichte am Ende für ihn gut ausgeht, lässt sich als aufschlussreichen Hinweis darauf deuten, wie groß die Distanz zwischen der antiken und unserer heutigen Welt ist.

Beginnen wir jedoch mit dem Anfang der Geschichte.

Hades, der Gott der Unterwelt, verfolgte mit zunehmender Besorgnis, dass Apollons Sohn Asklepios, der Gott der Medizin und der Heilkunde, zahlreiche Menschen von der Schwelle des Todes zurückholte, ja sogar Verstorbene wieder zum Leben erweckte. Schließlich verlangte Hades von Zeus, dem Treiben des Emporkömmlings ein Ende zu setzen, und Zeus erschlug Asklepios mit einem Blitz, den die Kyklopen im Vulkan Ätna für ihn geschmiedet hatten. Apollon, der außer sich war über den Tod seines Sohnes, übte Rache an den Kyklopen und wurde dafür wiederum von Zeus mit einer einjährigen Verbannung vom Olymp bestraft. Während dieser Zeit musste er bescheiden leben und im Dienst eines Sterblichen arbeiten. So kam es, dass er als Fremder zum Palast des Admetos gelangte, wo man ihn herzlich aufnahm und ihm die Verantwortung für die königlichen Viehherden übertrug.

Kurz darauf suchte Pelias, der König von Iolkos, einen Ehemann für seine Tochter Alkestis. Wie so oft in diesen Sagen entbrannte ein starker Konkurrenzkampf um die Hand der Prinzessin, sodass der Vater die folgende Bedingung daran knüpfte: Wem es gelang, einen Löwen und einen Eber gemeinsam ins Joch eines Streitwagens zu spannen, der sollte die Prinzessin zur Braut erhalten. Eigentlich eine unlösbare Aufgabe – ob Pelias wohl tatsächlich seine Tochter verheiraten wollte? Aus Dankbarkeit für die herzliche Aufnahme während seiner Dienstzeit rüstete Apollon für Admetos jedenfalls einen Streitwagen mit dem geforderten Gespann aus den zwei wilden Tieren, die so überhaupt nicht zusammenpassen, und Admetos durfte Alkestis darin als seine Ehefrau in den heimatlichen Palast fahren.

Vielleicht hatte er Artemis nach der Hochzeit das Opfer nicht korrekt dargebracht, vielleicht hatten die Parzen aber auch einfach beschlossen, es sei nun an der Zeit, seinen Lebensfaden zu durchtrennen. Wie dem auch sei – Admetos' Todestag stand bevor. Apollons Ehre war mittlerweile wiederhergestellt. Er gedachte aber immer noch dankbar der Gastfreundschaft und auch des Schutzes, den Admetos ihm einst gewährt hatte, und so versetzte er die Parzen in einen Alkoholrausch und handelte mit ihnen eine Lebensverlängerung für Admetos aus. Anschließend teilte er dem Begünstigten die Bedingungen dieses Deals mit: Wenn er sein Leben retten wollte, musste Admetos einen Menschen finden, der bereit war, statt seiner an dem entsprechenden Tag zu sterben. Der König erklärte sich damit einverstanden, ohne auch nur eine Sekunde zu zögern, und musste bald feststellen, dass nicht nur Könige an ihrem Leben hängen.

Soldaten opfern zwar bereitwillig ihr Leben im Kampf für das eigene Vaterland, in Friedenszeiten gibt jedoch offenbar keiner von ihnen freiwillig sein Leben her, um das seines Königs zu retten. Als Nächstes wandte sich Admetos an seine betagten Eltern. Kein Vater und keine Mutter würden schließlich tatenlos zusehen, wie das eigene Kind starb. Jeder von ihnen würde mit Sicherheit die kurze noch verbleibende Zeit eines gut gelebten Lebens hingeben, damit der einzige Sohn ebenfalls die Chance hatte, ein hohes Lebensalter zu erreichen. Doch sie weigerten sich. Admetos warf ihnen

Egoismus vor, während sie sich fragten, ob ihr Sohn dumm oder einfach vermessen sei: Wie er annehmen könne, dass ein alter Mensch das Leben für weniger wertvoll erachte als ein junger? Wenn überhaupt, so sei eher das Gegenteil der Fall – wer wisse, dass ihm vielleicht nur noch wenige Tage blieben, schätze jeden einzelnen von ihnen umso höher ein.

Aber dann fand sich doch jemand, vor der Zeit zu sterben, damit Admetos leben konnte – Alkestis, seine Ehefrau, deren Hand ihm dank Apollons Hilfe gewährt worden war. Die ausführlichste Fassung der Geschichte ist in Euripides' gleichnamiger Tragödie überliefert. Die Handlung entfaltet sich entlang dem neu bestimmten Todestag von Alkestis. Wir begegnen ihr zuerst in den Beschreibungen ihrer Zofe. An dem Morgen, von dem sie weiß, dass es der letzte ihres Lebens sein wird, zieht Alkestis sich festlich an und nimmt Abschied von ihrem kleinen Sohn und ihrer kleinen Tochter. Sie wünscht ihnen ein langes Leben, das ihr verwehrt bleibe, eine erfolgreiche Zeit als Erwachsene und eine glückliche Ehe, die sie selbst nicht miterleben werde. Heute würden wir sagen: Sie verhält sich »wie eine richtige Lady«. Dann schildert die Zofe, wie alle Dienstboten des Hauses, einer nach dem anderen, vortraten und um ihre Herrin weinten und wie Alkestis für jeden ein freundliches und gütiges Wort hatte, selbst wenn die Person von noch so niederem Stand war. Wir erfahren, dass Admetos neben seiner sterbenden Frau steht, sie in seinen Armen hält und anfleht, ihn nicht zu verlassen. Doch daran ist nichts mehr zu ändern, die Abmachung mit den Parzen ist geschlossen, und Admetos hat ja selbst zugestimmt. Alkestis wird immer schwächer, ihr bleiben nur noch wenige Stunden. Sie bittet darum, sie nach draußen zu tragen, damit sie noch ein letztes Mal die Sonne sehen kann.

Alkestis wird auf einer Sänfte in den Vorhof des Palastes getragen; auf der Bühne ist sie überschattet von einer Personifizierung des Todes. Im Hof äußert sie ihren letzten Wunsch: Admetos solle nie wieder heiraten. Nicht um ihr Andenken in Ehren zu halten, sondern um zu verhindern, dass ihre Tochter von einer missgünstigen Stiefmutter vernachlässigt oder sogar misshandelt werde. Sie erklärt auch, was sie dazu bewogen hat, für Admetos zu sterben:

»Vernimm denn, eh ich sterbe, meinen Willen jetzt.
Für dich mich opfernd, meine Seel um deine Seel
einsetzend, um dein Weilen hier im Sonnenlicht,
verscheid ich; und ich braucht um dich zu sterben nicht,
konnt aus Thessalien wen ich wollte ehlichen
und thronen hier im reichen stolzen Fürstenhaus.
Allein von dir geschieden leben wollt ich nicht
mit Waisenkindern, schonte meiner Jugend nicht
und hatte zum Genießen manches Hübsche doch!«

Liebt Alkestis Admetos mehr als ihr Leben oder opfert sie sich aus Pflichtgefühl gegenüber ihm und der Institution der Ehe? Ich bin mir da nicht sicher. An einer anderen Stelle des Stückes verflucht sie nämlich das Ehebett als Quelle ihres Unglücks und verkündet, sie werde nie wieder behaupten, eine Ehe bringe mehr Genuss als Pein. Klar ist jedenfalls, dass Admetos von ihr ein Opfer annimmt, zu dem er im umgekehrten Falle für sie nicht bereit wäre. Er stellt sein eigenes Leben über das aller anderen Menschen, einschließlich dem seiner Ehefrau. Als sie im Sterben liegt, schwört er unter Weinen und Wehklagen, er würde ihr in die Unterwelt folgen und sie zurückholen, hätte er nur Orpheus' Stimme. Aber er ist eben weder ein Dichter noch ein Sänger. Nach ihrem Tod erlebt er offenbar einen tragischen Moment der Erkenntnis: Ihm wird bewusst, dass er der Außenwelt ein ausgesprochen negatives Bild abliefert. Er hat sich nicht gerade mit Ruhm bekleckert, indem er seine Eltern bat, statt seiner zu sterben, und erst recht nicht, indem er das Opfer seiner Ehefrau annahm. Was betrauert er wohl mehr, den Verlust seiner Frau, der Mutter seiner Kinder, oder den Verlust seines guten Rufes? Letzteres, meiner Meinung nach, und für den Zuschauer ist das keine besonders schöne Szene. Trotzdem ist es am Ende Admetos zu verdanken, dass Alkestis ins Leben zurückkehrt. Genauso wie er früher schon einmal von Gott Apollon für seine Freundlichkeit Fremden gegenüber belohnt worden war, so profitiert er erneut von den Handlungen eines anderen, dem er seine Gastfreundschaft gewährt hatte. Im antiken Griechenland wurde kaum eine Beziehung so sehr geehrt wie die zwischen Gastgeber und Gast, und wenn Admetos sich auch als liebloser und beispiellos egoistischer Ehemann erwiesen hat, so war er doch zu Besuchern immer von unübertroffener Großzügigkeit. Genau am Tag von Alkestis' Tod und Beerdigung klopfte Herakles, der gerade auf dem Weg war, um eine seiner zwölf Aufgaben zu erledigen, an die Tür seines alten Freundes Admetos und bat um ein Nachtquartier. Admetos verhält sich seinem Gast gegenüber so zuvorkommend wie immer und gibt sich alle Mühe, ihn bei dieser Gelegenheit von dem Kummer abzuschirmen, der nur wenige Stunden zuvor über das Haus gekommen ist. Doch einer der Dienstboten verrät dem muskulösen Gast, dass die Hausherrin gerade gestorben ist, und Herakles beschließt, die Angelegenheit auf seine Art zu regeln. Er begibt sich zur Grabstätte und verprügelt die

Schlichte Gewalt vollbringt letztlich das, was weder Orpheus' Dichtkunst noch sein Gesang zustande gebracht haben – Herkules besiegt den Tod, und Alkestis kehrt zu den Lebenden zurück.

»Herkules bringt Alkestis zurück zu ihrem Gatten«. Fresko, o. J. Rom, Hypogäum Via Latina, Katakomben

Personifizierung des Todes, die Alkestis gerade in die Unterwelt geleiten will. Was Orpheus letztlich durch Gesang und Dichtkunst nicht gelang, erreicht Herakles hier mit roher Gewalt.

Am Ende von Euripides' Stück bringt Herakles einem perplexen Admetos die lebendige Alkestis zurück. Es ist eine Szene, die das Ende von Shakespeares *Wintermärchen* vorwegzunehmen scheint, in dem die tot geglaubte Hermione ihrem immer noch trauernden Ehemann Leontes zurückgegeben wird. Aber im Gegensatz zu Hermione spricht Alkestis kein einziges Wort. Wie ist dieses Schweigen zu erklären? Herakles sagt, da sie dem Tod entrissen worden sei, werde Alkestis erst wieder sprechen können, nachdem sie einen dreitägigen Läuterungsprozess durchlaufen habe. Ich bin davon überzeugt, dass dies den alten Griechen plausibel erschien. Heutige Forscher würden wahrscheinlich diesen Umstand der Tatsache zuschreiben, dass die Charaktere von Herakles und Alkestis, die bis zu diesem Moment noch nicht zusammen auf der Bühne erschienen waren, damals von einem einzigen Schauspieler dargestellt wurden. Und jetzt springe eben jemand als stummes Double für Alkestis ein, der ihre Maske und ihre Kleidung trage. Auch das könnte stimmen. Eines steht jedenfalls fest: Ich wäre an Alkestis' Stelle einfach zu wütend oder zu deprimiert, um noch mit einem Mann zu reden, dessen Egoismus mich fast getötet hätte. Admetos mag tatsächlich ein ausgezeichneter Gastgeber sein, aber aus heutiger Perspektive sehe ich nur den manipulativen Ehemann, der seine Frau für den eigenen Vorteil benutzt.

KEPHALOS UND PROKRIS
Das Gift (in) der Liebe

Wir alle kennen Paare, die behaupten, einander zu lieben, was vielleicht auch zutrifft, die sich aber trotzdem trennen, was möglicherweise die richtige Entscheidung war, und die später dennoch wieder zusammenkommen, was sie nicht unbedingt hätten tun sollen. Ihr Leben ist voller Intrigen und Gegenintrigen; und manchmal nimmt alles ein tragisches Ende. Kephalos und Prokris sind ein solches Paar. Und es ist meiner Ansicht nach kein Zufall, dass die Geschichte uns mit so vielen Rätseln und Wendungen, noch dazu in zahlreichen Varianten, überliefert ist, dass wir schließlich nicht mehr wissen, wem oder was wir nun glauben sollen. Klar ist nur, dass da etwas vollkommen schiefgelaufen ist.

Alles fing eigentlich ganz gut an: Kephalos war der Sohn des Deion, des Herrschers von Phokis, und Prokris die Tochter des Erechtheus, eines der ersten Könige von Athen. Wir können sicher sein, dass sie ein ausgesprochen stattliches Paar und offenbar auch sehr ineinander verliebt waren. Sämtliche Versionen der Geschichte stimmen zudem darin überein, dass beide leidenschaftlich gern auf die Jagd gingen – es ist gut, wenn ein Paar gemeinsame Hobbys und Freizeitbeschäftigungen pflegt. Und mindestens in einer Fassung schworen sie einander ewige Treue und dass sie niemals mit einem anderen Partner schlafen würden. In einer anderen Version findet sich der Hinweis, die Götter hätten ihr allzu großes Glück bemerkt und beschlossen, die beiden auf die Probe zu stellen.

Eines Morgens – einem Bericht zufolge war es zwei Monate nach der Hochzeit – ging Kephalos allein auf die Jagd, wie er dies manchmal zu tun pflegte. Eos, die Göttin der Morgenröte (auch unter dem Namen Aurora bekannt), erblickte ihn, war sofort hingerissen und wollte ihn für sich. Sie versuchte, ihn zu verführen, aber als er ihr erzählte, er habe Prokris die ewige Treue geschworen, bedrängte sie ihn nicht länger, sondern sagte, sie würde nicht von ihm verlangen, solch einen Schwur zu brechen – es sei denn, Prokris hätte dies zuerst getan. Dann ersann sie eine Strategie, um den Lauf der Dinge zu ihren Gunsten zu beeinflussen: Sie würde Kephalos' Erscheinungsbild so verwandeln, dass Prokris ihn für einen Fremden halten würde, wenn er, mit zahlreichen Geschenken beladen, zu ihr kam. Sollte er sie in dieser Gestalt und mithilfe der Präsente dazu überreden können, mit ihm zu schlafen, wüsste er, dass Prokris untreu sei – zumindest grundsätzlich. Dann könnte Aurora die Angelegenheit in ihrem Sinne reinen Gewissens weiterverfolgen.

Es sei denn, die Dinge hätten sich etwas anders abgespielt: Laut einer anderen Version entführte die Göttin Kephalos nämlich gewaltsam und hielt ihn gegen seinen Willen fest, vielleicht sogar mehrere Jahre lang. Wenn wir Kephalos' Worten Glauben schenken können (oder wenigstens den Worten, die Ovid ihm in seinen *Metamorphosen* in den Mund legte), konnte er während der ganzen Zeit, die er bei Aurora verbrachte, an nichts anderes denken und über nichts anderes sprechen als seine Braut, von der er auf so grausame Weise getrennt worden war. Er sei ihr immer treu gewesen und habe sich vor Sehnsucht nach ihr verzehrt – wobei es ihm, anderen Quellen zufolge, trotzdem irgendwie gelungen ist, ein Kind mit der Göttin zu zeugen. Möglicherweise sogar zwei oder drei ... Wie dem auch sei, Aurora hatte wohl irgendwann genug davon, sich ständig Geschichten über die Ehefrau ihres Liebhabers anzuhören, und gab ihm den Laufpass. Allerdings nicht ohne ihm zuvor – sei es aus Zorn, sei es aus Enttäuschung – den Unkenruf entgegenzuschleudern, dass er seine Prokris haben könne, aber dass er noch bitter bereuen würde, ihr jemals begegnet zu sein.

Kephalos' Reaktion darauf gibt Anlass zur Sorge, denn sie lässt auf seinen Charakter schließen: Nicht eine Sekunde vermutet er hinter Auroras Worten Eifersucht oder Rachgier. Stattdessen keimt sofort die Saat des Argwohns in seiner Seele auf. Wollte die Göttin damit andeuten, Prokris sei ihm während seiner Abwesenheit untreu gewesen? Verfügt sie über Informationen, von denen er nichts weiß? Ein Treuebruch war gegen Prokris' Natur, wie er sie zu kennen glaubte, aber er war schließlich lange weg gewesen, und sie ist wunderschön und naiv. Sie muss zahlreichen Versuchungen ausgesetzt gewesen sein. In diesem Bericht ist es nicht Aurora, die vorschlägt, Kephalos' Erscheinungsbild zu verändern, sodass er unerkannt nach Athen zurückkehren und versuchen kann, seine Frau der Untreue zu überführen; vielmehr kehrt Kephalos selbst zur Göttin zurück und bittet sie, ihm dabei zu helfen, herauszufinden, wie es um die Tugend seiner Frau bestellt ist.

Entweder kehrte Kephalos also – von Aurora so verwandelt, dass er Prokris' Keuschheitsgelübde unerkannt auf die Probe stellen konnte – unverzüglich in Gestalt eines Fremden nach Hause zurück, führte seine Frau durch die mitgebrachten Geschenke in Versuchung und verführte sie ohne Probleme. Oder aber er kehrte erst nach langer Abwesenheit, während der ihn die Ungewissheit gequält hatte, nach Athen zurück. Dort fand er sein Haus in erstaunlich guter Ordnung vor – abgesehen davon, dass Kummer herrschte über den verschollenen Hausherrn. Unter großen Schwierigkeiten und nur mit viel Hinterlist gelang es ihm, zur Hausherrin vorgelassen zu werden, die sich seit dem Verschwinden ihres Ehemannes ganz zurückgezogen hatte. Prokris war schöner denn je. In seiner Verkleidung unternahm Kephalos einige Annäherungsversuche, wurde jedoch immer zurückgewiesen. Ihr ganzes Verhalten wies darauf hin, dass seine Verdächtigungen vollkommen fehl am Platz waren. Wäre er nicht von einer derart starken Eifersucht ergriffen gewesen, wie wir sie von Othello kennen, hätte er das Haus beruhigt verlassen, überzeugt von der Tugendhaftigkeit seiner Frau. Stattdessen bedrängte er sie weiter, auf fast schon selbstzerstörerische Weise, als wollte er sich auf Biegen und Brechen ins Unglück stürzen. Schließlich, nachdem er einfach nicht locker gelassen, sie hartnäckig umschmeichelt und ihr zahlreiche Kostbarkeiten versprochen hatte, falls sie sich nur erweichen ließe, gelang es ihm, ihren Widerstand zu brechen. In dem Moment, als Prokris sich bereit erklärte, mit ihm zu schlafen, gab er sich zu erkennen und bezeichnete sie als treulose Verräterin seiner Liebe. Dabei hatte er sich extrem anstrengen müssen, um sie so weit zu bringen.

Vielleicht – wie es in einer anderen Version heißt – erregte der junge Bräutigam Kephalos aber auch weder Auroras Aufmerksamkeit noch wurde er je weggezaubert oder versuchte, seine Frau zur Untreue zu verleiten. In Wirklichkeit war Prokris in diesen Varianten vielmehr von Anfang an untreu. Ein

Der Speer, der nie sein Ziel verfehlt,
und eine Beziehung, die immer mehr
aus der Bahn gerät: das traurige, aber
unausweichliche Ende der Ehe von
Kephalos und Prokris.

Andreas Nesselthaler: »Cephalus und Pro-
cris«, o. J. Öl auf Leinwand, 120 x 85 cm.
Salzburg, Residenzgalerie

Fremder namens Pteleon verführte sie und gelangte in ihr Bett, indem er ihr ein goldenes Diadem schenkte. Kephalos ertappte seine Frau sozusagen in flagranti beim Ehebruch und war am Boden zerstört wegen des Betruges.

Wie auch immer die Geschichte abgelaufen ist – und für alle drei Szenarien gibt es entsprechende Versionen dieser Sage –, Prokris floh jedenfalls tief beschämt aus Athen. Falls Sie Prokris für promiskuitiv halten, folgen Sie ihr nach Kreta, wo sie sich am Hof des Königs Minos niederließ. In diesem Schürzenjäger hatte sie den passenden Gegenpart gefunden: Seine Ehefrau Pasiphaë war es irgendwann dermaßen leid, dass ihr Mann ständig anderen Frauen nachstellte, dass sie ihn mit einem Fluch belegte – seine Samenflüssigkeit enthielt seitdem Giftschlangen, Skorpione und Asseln. Jede Frau, mit der er Geschlechtsverkehr hatte, würde also sofort vergiftet und sterben. Trotzdem versuchte Minos, Prokris zu verführen. Sie war sich der tödlichen Gefahr zwar bewusst, besaß aber ein geheimes Mittel, um sich zu schützen. Sie versprach Minos, mit ihm zu schlafen und ihn von dem Fluch zu befreien, wenn sie im Gegenzug zwei Kostbarkeiten erhielte, die in Minos' Besitz waren: einen Jagdhund mit außergewöhnlichen Fähigkeiten und einen Zauberspeer, der nie sein Ziel verfehlte. Minos stimmte bereitwillig zu. Auch hier tauscht Prokris also sexuelle Gefälligkeiten gegen materielle Güter ein. Nachdem dieses Tauschgeschäft erfolgreich abgewickelt war und da sie Pasiphaës Zorn fürchtete, kehrte Prokris nach Athen und zu Kephalos zurück. (Falls Sie sich fragen sollten, wie Prokris Minos von seinem Leiden erlöste und überlebte, sodass sie diese Geschichte erzählen konnte, so wissen wir von Antonius Liberalis, der im antiken Griechenland Grammatik lehrte, dass sie ihre Scheide mit einer Schafsblase auskleidete. Nach dem Geschlechtsverkehr warf sie die mit dem giftigen Ejakulat gefüllte Blase dann weg. Das ist zwar eine abstruse Geschichte, aber es ist meines Wissens auch der erste Bericht, in dem beschrieben wird, wie man sich gegen eine sexuell übertragbare Infektion schützen kann, indem man ein empfängnisverhütendes Mittel verwendet.)

Doch vielleicht war Prokris weder habgierig noch sexsüchtig. Eine tugendhafte Prokris hätte, nachdem ihr Mann an ihrer Treue gezweifelt und sie getäuscht hatte, nun gänzlich jeder männlichen Gesellschaft entsagen und sich der Jungfrau Diana anschließen können. Und vielleicht blieb sie bei ihr, bis ein reumütiger und unglücklicher Kephalos sie dort ausfindig machte, sie um Vergebung bat und anflehte, wieder nach Hause zu kommen. Sie ließ sich erweichen und nahm zwei Geschenke mit, die sie von Diana zum Abschied erhielt: einen Jagdhund und einen Speer, der nie sein Ziel verfehlte.

Vielleicht hatte Prokris Diana aber auch aufgesucht und darum gebeten, in ihr Gefolge aufgenommen zu werden, war jedoch abgewiesen worden, da die Göttin nur Jungfrauen in ihren Kreis aufnahm. Als Prokris der Göttin dann jedoch ihre beklagenswerte Geschichte erzählte, wie ihr eigener Ehemann, angestiftet von Aurora, sie dazu gebracht hatte, wenn überhaupt, dann einen rein formalen Ehebruch zu begehen, empfand Diana Mitleid mit ihr, gab Prokris den Hund und den Zauberspeer und wies sie an, nach Hause zurückzukehren und Kephalos zu einem Jagdwettkampf herauszufordern. Mit ihrer neuen Ausstattung würde sie ihn demütigen und besiegen. Diesmal ist es Prokris, die sich auf Drängen einer Göttin verkleidet, um Kephalos zu täuschen. Diana ließ ihr die Haare kurz schneiden und steckte Prokris in Männerkleidung. In dieser Aufmachung konnte sie nach Athen zurückkehren und Kephalos zu einem Jagdwettbewerb heraus-fordern, ohne dass er ihre wahre Identität erriet.

Wie vorausgesagt, war es ein Leichtes für die als Jüngling verkleidete Prokris, den Wettkampf zu gewinnen. Als Kephalos erkannte, welchen Vorteil der Hund und der Zauberspeer ihr in dem Wettkampf gebracht hatten, versuchte er, ihr beides abzukaufen. Sie weigerte sich, und er erhöhte den Einsatz: Wenn sie ihm die beiden Dinge nur überließe, würde er mit dem geheimnisvollen Jüngling den Thron teilen. Aber Prokris zögerte. Schließlich sagte sie – wobei ihre Identität nach wie vor unentdeckt blieb –, sie würde Hund und Speer nur aufgeben, wenn Kephalos mit ihr Sex hätte. Dieser stimmte ohne Weiteres zu.

An dieser Stelle gibt es jetzt meiner Meinung nach mehrere Probleme: Indem Prokris in die Rolle der Betrügerin geschlüpft ist, hat sie ihre moralische Überlegenheit aufgegeben; und indem Kephalos sich derart überlisten lässt, zeigt Kephalos, dass er ebenso unfähig ist, den Treueschwur einzuhalten wie seine Frau. Und wenn ich das richtig verstehe, hat er in seiner Gier nach dem Hund und dem Speer sexuellen Bedingungen zugestimmt, für die er in der antiken Welt verachtet würde. Nicht weil er bereit war, als Preis für diese Dinge mit einem anderen Mann Sex zu haben; bekanntlich galten homosexuelle Beziehungen weder bei den Griechen noch bei den Römern als etwas Schändliches. Aber es musste immer der ältere Mann sein, von dem der Impuls ausging und der den aktiven Part übernahm. Kephalos dagegen wurde von einem Jüngling angemacht und ist offenbar bereit, ihm die Rolle des dominanten Sexualpartners zu überlassen. Und das hätte man als zutiefst beschämend empfunden. Die beiden ziehen sich also ins Schlafzimmer zurück, und als Prokris ihre Kleidung ablegt, ist klar, dass sie in Wahrheit nicht nur eine Frau, sondern auch seine Gemahlin ist. Die Untreue Kephalos' ist in Wirklichkeit keine solche, aber seine Demütigung ist real. Und jetzt bewegt sich die Geschichte ihrem tragischen Ende zu. In der einfachsten Fassung gehen Kephalos und Prokris eines Tages als wiedervereintes Paar gemeinsam auf die Jagd und werden für einen Moment getrennt. Als sie im Unterholz nach etwas jagt, sieht er nur, dass sich dort etwas bewegt, und hält es irrtümlicherweise für Wild. Er wirft den Speer, der nie sein Ziel verfehlt, und tötet Prokris auf der Stelle. Doch eine andere Version entspricht wohl eher der Stimmung dieser traurigen und dubiosen Geschichte, die hier entstanden ist. Nach all diesen Intrigen und Gegenintrigen sind Kephalos und Prokris allem Anschein nach glücklich wieder vereint. Und doch ist ihre Beziehung unwiderruflich durch Misstrauen und Betrug vergiftet. Wie in der ersten Zeit ihrer Ehe nimmt Kephalos seine Gewohnheit auf, jeden Morgen allein in den Wäldern zu jagen. Vielleicht ist er ja durch die Anstrengung ins Schwitzen geraten, ruht sich im Schatten eines Baumes aus und fleht laut um eine kühle Brise, die seine Haut berühren und ihm Labsal bringen solle. Und vielleicht hört zufällig jemand, der gerade vorbeigeht, Kephalos' Selbstgespräch und denkt, er spreche mit einer Geliebten, und berichtet Prokris von der heimlichen Affäre. Oder vielleicht muss Prokris gar keine Geschichten hören, sondern hegt von sich aus schon den Verdacht, dass der wahre Grund für Kephalos' allmorgendliche Ausflüge in den Wald ein Stelldichein mit seiner früheren Geliebten ist, der Göttin Aurora. Wie auch immer – Prokris ist jedenfalls misstrauisch: Sie folgt Kephalos eines Tages heimlich und versteckt sich im Gebüsch, um ihn zu bespitzeln. Da ist keine Geliebte, doch als Prokris sich bewegt, um auf ihren Ehemann zuzugehen oder den Schauplatz zu verlassen, wirft er den Speer, der nie sein Ziel verfehlt, und verletzt sie tödlich. Er erreicht sie, als sie im Sterben liegt, und fleht sie an, ihn nicht zu verlassen. Sie verlangt von ihm, dass er nie wieder heiraten solle, und stirbt dann in seinen Armen.

Ist es sinnvoll zu fragen, welcher von beiden aufrichtiger geliebt hat, Prokris oder Kephalos? Vielleicht sollte man besser fragen, welcher Teil dieses Traumpaares, das sich gegenseitig das Leben zur Hölle gemacht hat, weniger verlogen war. Und zu hoffen, dass wir selbst weniger manipulativ, dafür aber vertrauensvoller sind als diese beiden.

AKONTIOS UND KYDIPPE
Mann trifft Frau. Mann verliert Frau.
Mann heiratet Frau.

I n der Antike hielten die Griechen und Römer ihre Texte auf unterschiedlichen Schreibunterflächen fest, das ist
aus zahlreichen archäologischen Quellen bekannt. Inschrif-
ten wurden in Stein gemeißelt oder auf Ton gemalt, Texte
auf papierähnlichen Papyrusrollen verewigt, Privatpersonen
notierten ihre Aufzeichnungen oder Briefe auf kleinen Holz-
oder Lehmplatten. Und zieht man die überlieferten Mythen
als zusätzliche Belege hinzu, ließe sich der Liste ein weiteres
Kommunikationsmedium hinzufügen: Äpfel, die man durch
die Luft schleuderte.

Nun glaube ich nicht ernsthaft daran, dass damals ein re-
gelmäßiger Nachrichtenaustausch stattfand, indem man Bot-
schaften auf einem Stück Obst notierte – aber wir erinnern
uns, dass ein mit Inschrift versehener Apfel, der in eine Ver-
sammlung von Göttern und Göttinnen geworfen wurde, das
Urteil des Paris und damit den Trojanischen Krieg auslöste.
Und ein mit einem Schwur beschrifteter Apfel, der auf Delos im Tempel der Artemis landete, steht auch im Zentrum
dieser Geschichte über Akontios und Kydippe. Sie gehört
vielleicht nicht zu den bekanntesten, für mich jedoch zu den
reizvollsten antiken Sagen. Die Liebe ist in diesen Geschichten generell eine starke, meist irrationale Macht, und beim
Sammeln des Materials für dieses Buch stellte ich überrascht

fest, wie oft sie ein schlechtes Ende herbeiführt. Die Erzählung von Akontios und Kydippe gehört dabei allerdings zu den ganz wenigen, die in Form einer romantischen Komödie verfasst sind, wie wir sie sowohl von Shakespeares Theaterstücken als auch aus Hollywoodfilmen kennen. Das Schema ist allseits bekannt: Zwei Menschen sind einander bei der ersten Begegnung auf Anhieb unsympathisch; oder der eine ist interessiert, stößt beim anderen jedoch auf Ablehnung. Die beiden trennen sich, wobei meistens noch ein unpassender Partner zum Szenario gehört, an den der eine oder andere von beiden gebunden ist. Die unglückselige Hochzeit muss irgendwie verhindert werden, damit das rechtmäßige Paar – unser Held und unsere Heldin – erkennen kann, dass es füreinander bestimmt ist, und sich am Ende findet. Häufig dient eine schwere Krise, die dem Komödienstoff eine ernste Note verleiht – Verbannung, Krankheit oder sogar der Tod eines geliebten Menschen –, als Katalysator, der die Auflösung herbeiführt. Kurz: Mann trifft Frau, Mann verliert Frau, Mann heiratet Frau.

Die ausführlichste überlieferte Version dieser besonderen Mann-Frau-Geschichte stammt von Ovid, der seine *Heroides* mit einem Auszug aus dem Briefwechsel zwischen Kydippe und Akontios aus der Zeit kurz vor ihrer Verbindung als Liebende abschließt. Ovid wiederum kannte die Geschichte von dem griechischen Dichter Kallimachos aus Alexandria, dessen Gedicht »Kydippe« nur in Fragmenten erhalten ist. Auch andere Dichter verwenden die Geschichte in ihren Werken. Die einzelnen Bruchstücke ergeben die folgende Geschichte:

Akontios war ein attraktiver junger Mann aus gutem Hause, der von der Insel Keos stammte und zum Jahresfest der

Sie wären selbst wohl auch erstaunt,
die Ankündigung Ihrer Hochzeit auf
einem Apfel geschrieben zu lesen.

Paulus Bor: »Kydippe mit dem Apfel
des Akontius«, um 1640. Öl auf Leinwand, 151×114 cm. Amsterdam, Rijks-
museum

Jagdgöttin Artemis (der römischen Diana) auf die ihr geweihte Insel Delos gekommen war. Als er eines Tages den Tempelbereich betritt, erblickt er die wunderschöne Kydippe – ebenfalls von edler Herkunft –, die aus demselben Anlass mit ihrer Mutter angereist war, entweder aus Athen oder von Naxos (in diesem Punkt stimmen Kallimachos und Ovid nicht überein). Während die Mutter der Göttin am Altar ein Opfer darbringt, wandelt Kydippe in Begleitung ihrer Amme durch die Säulengänge des Tempels. Bei Akontios war es Liebe auf den ersten Blick. Er nimmt einen Apfel, ritzt eine Inschrift hinein und wirft ihn in Richtung der beiden Frauen. Der Apfel landet vor den Füßen der Amme, die ihn aufhebt und ihrer Herrin reicht. Diese wiederum hält ihn hoch und liest laut die Worte, die der junge Mann dort eingraviert hatte, vor: »Ich schwöre beim Heiligtum der Diana, dass ich Akontios heiraten werde.« Dieser Eröffnungsschachzug erweist sich als erbärmlicher Fehlschlag: Kydippe wirft den Apfel verärgert weg und geht ihrer Wege. Die Göttin des Tempels jedoch hat den Schwur gehört und zur Kenntnis genommen.

Nach Abschluss der Feierlichkeiten kehrt Kydippe mit ihrer Mutter nach Hause zurück, ohne noch einen weiteren Gedanken an den merkwürdigen Vorfall im Tempel zu verschwenden. Akontios segelt ebenfalls zurück nach Keos, in dem festen Vertrauen, dass er in irgendeiner Form wieder von Kydippe hören wird. Er wartet also einfach ab, was passiert. Doch als kurz darauf ein passender Ehemann für Kydippe ausgewählt wird, wählt ihr Vater einen anderen jungen Mann.

Die Hochzeitsvorbereitungen verlaufen ohne weitere Zwischenfälle, bis zum Abend vor dem Fest. In dieser Nacht, so der Brauch, schlafen die Verlobten zwar im selben Bett, aber nicht miteinander. Dieses Ritual erinnert an die voreheliche

Vereinigung von Zeus und Hera. Kydippe erkrankt jedoch plötzlich und schwer. Kallimachos schildert ein klinisches Bild, mit dem die zeitgenössischen Leser wohl mehr anfangen konnten als wir heute: Sie sei von einer Erkrankung befallen, die einige irrtümlicherweise als heilige Krankheit bezeichneten, schreibt er (damit könnte Epilepsie gemeint sein); es sei jene Krankheit, die wir am liebsten den Bergziegen anhängen würden (für die Erklärung dieser »Heilmethode« muss ich leider passen ...). Bei Ovid beschreibt Kydippe ihre Symptome selbst: Sie habe alle Farbe verloren, leide unter hohem Fieber und entsetzlicher Schwäche; sie könne kaum ihre Glieder heben, ihr Körper sei vollkommen ausgezehrt. Der Tod erwartet sie. Als abzusehen ist, dass die für die Hochzeitsfeier vorbereiteten Fackeln eine andere, traurigere Verwendung finden würden − nämlich für Kydippes Trauerzug −, wird das Verlöbnis gelöst. Der gewählte Bräutigam zieht sich zurück. Und genauso plötzlich wie sie erkrankt ist, erstrahlt Kydippe nun auf noch rätselhaftere Weise erneut in voller Gesundheit und Schönheit.

Nach einer angemessenen Frist wählt Kydippes Vater einen neuen Ehemann für sie aus. Wieder werden aufwendige Hochzeitsvorbereitungen getroffen, alles verläuft reibungslos − jedoch nur bis zum Abend vor der Hochzeit. Und wieder fällt Kydippe am Vorabend der Eheschließung derselben Krankheit zum Opfer. Diesen Schub wird sie gewiss nicht überleben. Wie beim ersten Mal wird die Hochzeit abgesagt, und der angehende Bräutigam reist kummervoll ab. Wie zuvor tritt bei Kydippe sofort vollständige Genesung ein.

Erst als sich die Ereignisse zum dritten Mal nach demselben Schema wiederholen, Kydippe also wiederum einem Mann versprochen wird und daraufhin noch schwerer erkrankt, steuert die Geschichte ihrer Lösung entgegen. Heute würde man bei ihr eine Form der schweren psychopathologischen Störung diagnostizieren. Diese Erzählung führt uns jedoch in eine völlig andere Richtung: Als die Kunde von Kydippes drei vorzeitig abgebrochenen Hochzeitsfeiern das ferne Keos – und damit auch Akontios – erreicht, hält er endlich die Zeit für gekommen, sich persönlich vorzustellen. Kydippes Vater hatte unterdessen das Orakel von Delphi befragt, um herauszufinden, warum seine Tochter drei Mal lebensbedrohlich erkrankt ist. Die Antwort des Orakels lautete, Kydippe sei dafür bestraft worden, dass sie gegenüber Artemis einen Meineid geleistet habe. Der Vater kehrt nach Hause zurück, der Vorfall mit dem Apfel kommt ans Tageslicht, und Akontios und Kydippe werden als Paar vereint, so wie es vorherbestimmt war.

Akontios ist wahrlich kein großer Verführungskünstler. Er habe sie nie direkt angesprochen, nie wirklich versucht, um sie zu werben oder sie durch Überzeugungskraft für sich einzunehmen, wirft dann auch Kydippe ihm in dem Brief vor, den Ovid sie an Akontios schreiben lässt. Stattdessen habe er sie überrumpelt und mit einem Trick dazu gebracht, die Worte des Schwurs im Tempel der Artemis laut auszusprechen. Finde ich auch, denn die Liebe ist nun mal kein Spiel, das man still in seiner Ecke sitzend gewinnen kann. Man könnte Kydippe auch darin zustimmen, dass sie einfach Opfer einer Spitzfindigkeit geworden sei: Sie habe die Wörter nur laut vorgelesen, ohne inhaltlich dahinterzustehen; es seien also nur leere Worthülsen gewesen, und insofern könne der Schwur in keiner Weise bindend sein. Sie ist eine scharfsinnige Heldin und argumentiert hier sehr klug. Und das macht sie mir so sympathisch.

Zu seiner Verteidigung gibt Akontios zu bedenken, dass seine Annäherungsversuche vielleicht unerwünscht und die Zuneigung einseitig gewesen seien, dass er jedoch niemals auf gewaltsame Maßnahmen zurückgegriffen habe – im Gegensatz zu Paris beispielsweise, der Helena entführte. Vielmehr habe er sich darum bemüht, Kydippe mithilfe seines Verstandes zu gewinnen. Und dieser Scharfsinn wiederum ist es, der mir an seinem Charakter so gefällt. Denn genau genommen hat er nicht nur Kydippe mit seinem Apfelgeschoss überlistet, sondern auch die Göttin Artemis. Denn nicht der sterbliche Akontios handelt auf Geheiß der Göttin, sondern Artemis wird dazu gebracht, seinen Wunsch auszuführen. Das ist doch sensationell! In welcher Sage wird nicht mindestens ein Sterblicher in die Ränkespiele der Götter verwickelt, sondern umgekehrt? Eben.

Ich muss lächeln bei dem Gedanken, dass Kydippe sich am Ende erweichen lässt und erkennt, dass sie in Akontios wahrlich in jeder Hinsicht den richtigen Partner gefunden hat. Vielleicht scheint es übertrieben, die beiden als antike Version von Beatrice und Benedikt aus *Viel Lärm um Nichts* zu bezeichnen oder eine Parallele zu der langen Liebesgeschichte der »Königskinder« Katharine Hepburn und Spencer Tracy, die zueinander nicht kommen konnten, zu ziehen. Vielleicht aber auch nicht ...

KEYX UND ALKYONE
Ruhe nach dem Sturm

E ine kurze Anekdote über König Keyx und seine Frau Alkyone erzählt uns der Autor, der uns unter Pseudo-Apollodor bekannt ist: Die beiden hatten sich angewöhnt, sich gegenseitig Zeus und Hera zu nennen. Als Zeus davon Kenntnis erhielt, verwandelte er sie in Seevögel, um sie für ihren Hochmut zu bestrafen. Apollodors Quelle scheint ein verloren gegangener Text des bedeutenden griechischen Dichters Hesiod zu sein, und dem kann sicherlich so leicht nicht die Autorität abgesprochen werden. Aber auch andere Autoren erzählen von Keyx und Alkyone, und ich denke mal, sie würden diese spezielle Version für höchst unglaubwürdig gehalten haben. Aber nicht etwa, weil darin ein Mann und eine Frau in Vögel verwandelt werden, solche Dinge geschehen ja in Mythen oft genug. Vielmehr weil Keyx und Alkyone sich wohl niemals diese speziellen Kosenamen zugedacht hätten. Zeus und Hera, römisch Jupiter und Juno, scheinen sich nämlich in keiner Sage besonders zu mögen oder sich gegenseitig zu vertrauen. Keyx und Alkyone aber waren Mann und Frau, die einander sehr liebten.

Keyx war der Herrscher von Trachis und Sohn des Hesperos (lateinisch: *lucifer*, Lichtbringer), des Morgensterns. Sein Bruder Daidalion, so erfahren wir, hatte ein kriegslustiges und räuberisches Temperament, Keyx aber war von Natur aus friedlich, gütig und gerecht. Er hieß gerne Fremde willkommen – eine Eigenschaft, die, wie wir gesehen haben, in der griechischen und römischen Welt von größter Bedeutung ist –, und er war ein liebender und treu sorgender Ehemann – was andererseits dort keine Selbstverständlichkeit ist. Alkyone ist die Tochter von Aiolos, dem Herrn der Winde, und war vom Wesen her ihrem Gemahl in jeder Hinsicht ähnlich, die Tiefe und Güte ihrer Liebe eingeschlossen.

Innerhalb kürzester Zeit überstürzen sich dann die Ereignisse. Daidalions Tochter Chione wird sowohl von Apollon als auch von Hermes geschwängert und von Artemis getötet, weil sie damit prahlt. Daidalion selbst wird in einen Habicht verwandelt, und ein gefräßiger, übernatürlich starker und wilder Wolf kommt aus den Sümpfen hervor, um ein Blutbad unter der Herde von Peleus, einem königlichen Besucher in Trachis, anzurichten. Diesem kann erst Einhalt geboten werden, als der Wolf in Stein verwandelt wird. Verständlicherweise besorgt angesichts dieser Kette von Ereignissen beschließt Keyx, das Orakel von Klaros an der Küste von Kleinasien zu befragen, und er teilt Alkyone seine Entscheidung mit.

Und diese ist entsetzt. Auch wenn sie nicht Aiolos' Tochter wäre, die ihre eigenen, unmittelbaren Erfahrungen mit der unvorhersehbaren Gewalt der Winde hat, so kennt sie doch die Gefahren, die eine Seereise birgt. Sie versucht mit allen Mitteln, ihren Mann von dieser gefährlichen Reise abzubringen. Schon viel zu oft hat sie die an Land gespülten, zerschellten Schiffswracks gesehen; schon viel zu oft ist sie an leeren Gräbern vorübergegangen, die an Land für die verschollenen Seeleute errichtet wurden. Wenn er unbedingt gehen muss, dann soll er sie mitnehmen. Wenn alles gut geht, wüsste sie dann wenigstens, dass er in Sicherheit und gesund ist, und die furchtbaren Vorstellungen unbekannter Gefahren blieben ihr erspart. Im schlimmsten Fall, sollte sein Schiff untergehen, wäre sie bei ihm, um sein Schicksal zu teilen. Keyx versteht wohl ihre Sorgen und kann ihre Bedenken nachvollziehen. Sowohl er als auch seine Frau erkennen weit besser als Hero und Leander, welche Gefahren das Meer in sich birgt. Aber dennoch ändert er seine Pläne nicht, denn er fürchtet um das Wohl von Trachis. Das Orakel muss befragt werden. Eines aber verspricht er: Lässt das Schicksal es zu, so wird er zu Alkyone zurückkommen, noch bevor zwei Monate vergangen sind.

Die ausführlichste Version dieses Mythos stammt auch dieses Mal wieder aus Ovids *Metamorphosen*; die Sage von Keyx und Alkyone ist sogar eine der längsten Erzählungen in Ovids gesamtem Dichtwerk. Ich kann mir keine umfassendere, anschaulichere oder herzzerreißendere Schilderung über das vorstellen, was nun passiert. Ovid begleitet Keyx und Alkyone hinunter zum Hafen, wo sie sich verabschieden. Er verfolgt Alkyones Blick: Anfangs schaut sie Keyx hinterher, der an Deck des Schiffs steht. Dann gleitet ihr Blick zu dem Schiff, das immer weiter in die Ferne zurückweicht, immer kleiner und undeutlicher wird, bis nicht einmal mehr ein Flecken am Horizont auszumachen ist. Und erschreckend detailliert beschwört Ovid den furchtbaren Sturm herauf, in den das Schiff auf halbem Weg nach Klaros gerät, sowie die letzten Momente der Seeleute, die keine Hoffnung mehr haben können. Einer lässt seinen Tränen freien Lauf, während ein anderer nur unbewegt vor sich hin starrt. Einer bittet vergeblich die Götter um Hilfe, während andere um ihre Lieben, ihre Kinder, Brüder oder Väter in der Heimat weinen. Keyx aber denkt nur an Alkyone, an seine Liebe zu ihr, wie sehr er wünscht, sie noch einmal sehen zu können, aber auch, wie froh er darüber ist, zu wissen, dass sie sich sicher an Land befindet. Als das Schiff auseinanderbricht, klammert er sich an einem Stück Treibgut fest und wiederholt immer wieder Alkyones Namen. In der kurzen Zeit, die ihm noch bleibt, bevor das Meer ihn verschlingt, betet er darum, dass die Wellen seinen Leichnam zurück zu Alkyone bringen und ihre liebevollen Hände ihn ins Grab betten mögen.

Wie Penelope, die in Ithaka auf die Rückkehr ihres geliebten Odysseus wartet, so vertreibt sich auch Alkyone unterdessen in Trachis die Zeit mit Weben. Sie stellt die Kleider her, die, wie sie hofft, sie und Keyx tragen werden, wenn beide endlich wieder vereint sind. Sie zählt jeden einzelnen Tag und betet zu Juno, dass Keyx unversehrt zurückkommen möge und nie eine andere Frau mehr lieben wird als sie. Und dies ist schließlich der einzige Teil des Gebets, der sich jemals erfüllen kann.

In Ovids Erzählung kann Juno es nicht länger ertragen, Alkyones flehende Gebete zu hören; den Grund dafür legt er allerdings nicht näher dar. Ist sie ihrer vielleicht überdrüssig geworden, weil sie weiß, dass die Fürbitten Alkyones sinnlos sind? Oder gehen sie ihr so schmerzlich nah? Ich würde ja gerne Letzteres glauben, aber Juno war nie eine der mitfühlendsten Göttinnen. Jedenfalls begibt sie sich zur Höhle des Somnus und veranlasst, dass dessen Sohn Morpheus in der Gestalt des ertrunkenen Keyx Alkyone im Traum erscheint und ihr so über Keyx' Tod und dessen Umstände berichtet. Oft schon hat man sich darüber gewundert, warum in der Sage nicht der echte Schatten von Keyx, sondern ein perfekter Imitator vor Alkyone erscheint. Dieser belügt sie schließ-

*Die Mannschaft eines ganzen Schiffes
geht in einem Sturm unter – in der Geschichte von Keyx und Alkyone wird
zumindest eine von der Macht der
Liebe gerettet.*

William Turner: »Der Schiffbruch«, um
1800. Öl auf Leinwand, 170,5 x 241,5 cm.
London, Tate Gallery

lich zwar hinsichtlich seiner Identität, enthüllt ihr aber die schreckliche Wahrheit. Sie schreckt aus dem Schlaf hoch in dem sicheren Wissen, dass Keyx nicht mehr lebt und dass mit seinem Tod auch ein großer Teil ihrer selbst gestorben ist.

Es existiert ein kurzer philosophischer Dialog, genannt »Halcyon« – der manchmal Platon zugeschrieben wird und manchmal dem aus dem 2. Jahrhundert stammenden griechischen Autor Lukian von Samosata, obwohl er sicherlich von keinem der beiden geschrieben wurde –, der eine Version dessen anbietet, was nun passiert.

Man erzählte sich, dass die Tochter des Griechen Aiolos ihren jungen Gemahl Keyx von Trachis beklagte, Sohn des Morgensterns, den schönen Sohn eines schönen Vaters. Aus Sehnsucht nach seiner Liebe, dann durch den Willen eines Gottes, bekam sie Flügel wie ein Vogel und flog weit über das Meer, ihn zu suchen; aber obwohl sie durch die ganze Welt zog, konnte sie ihn nicht finden.

Wie schon bei Hesiod und Pseudo-Apollodor wird Alkyone also in einen Vogel verwandelt, nicht aber als Strafe. Und auch wenn niemals eine Witwe vor Kummer in einen Vogel verwandelt wurde, so liegt in diesem Ende doch eine unleugbare »Logik der Liebe«, die ich gut nachvollziehen kann. Nachdem sie den einen Menschen verloren hat, den sie mehr als alle anderen liebte, die einzige Person, die ihr ein Gefühl von Ganzheit verlieh, fühlt sich Alkyone nicht mehr wie sie selbst, fühlt sich immer mehr schwinden. Sie wird nie ihrer Trauer entkommen und den Rest ihrer Tage in einem Zustand von ewigem, vielleicht sogar krankhaftem Seelenschmerz verbringen, immer auf der Suche nach dem, was sie nie wieder zurückholen kann.

Aber ich ziehe Ovids Schluss vor: Sobald der Morgen anbricht, geht Alkyone hinunter zur Küste, an die Stelle, wo Keyx die Segel setzte und von wo aus sie zusah, wie er in der Ferne immer kleiner wurde und für immer ihrem Blick entschwand. Und jetzt passiert etwas wirklich Wunderbares. Weit draußen auf dem Meer sieht sie etwas auf dem Wasser treiben. Im Auf und Ab der Wellen kommt es immer näher an das Ufer, irgendwann kann sie erkennen, dass es ein Mann ist, eine Leiche, der Körper eines ertrunkenen Seemanns: der von Keyx selbst. Sie eilt am Anleger entlang, rauft sich vor Kummer die Haare und stürzt sich schließlich ins Meer in Richtung ihres toten Mannes.

Anders als Hero aber, die sich aus ihrem Turm zu dem angespülten Körper Leanders herunterstürzt, springt sie nicht in ihren Tod. Sie scheint durch die Luft davongetragen zu werden. Ihr wachsen Federn und Flügel, und sie wird in einen Vogel verwandelt, einen Vogel, der nun direkt zu seiner Liebe fliegt. Sie lässt sich auf seinem Körper nieder und liebkost ihn mit ihren weichen, flaumigen Federn. Als sie versucht, ihn zu küssen, nicht mehr mit ihren Lippen, sondern mit ihrem Schnabel, scheint er sein Gesicht zu heben. Es ist nicht nur die Bewegung der Wellen, denn die Götter haben Erbarmen, haben ihn wieder lebendig werden lassen, und zwar nicht nur vorübergehend wie Protesilaos, aber gleichzeitig auch nicht in der Gestalt, die er zuvor hatte. Denn auch Keyx ist zu einem Vogel geworden. So wie sie einst Mann und Frau waren, sind Keyx und Alkyone nun Halcyonen, mythische Eisvögel, die auf dem Meer leben und sich ihr Leben lang nicht mehr voneinander trennen. Für gerade mal eine Woche einmal im Winter glättet sich die See, legt der Sturm eine Atempause ein, dann kann Keyx das schwimmende Nest bauen, und sie brüten ihre Jungen aus. Dies sind die bei den Seeleuten so geschätzten halkyonischen Tage.

Wir können bei Weitem nicht einfach davon ausgehen, dass die guten Menschen in diesem Leben belohnt werden, dass jene, die lieben und gut und weise handeln, allem Unglück entgehen. Ich bin zwar eine große Optimistin, aber glauben Sie mir, ich weiß nur zu gut, dass das Leben auch ungerecht sein kann. Und auch wenn in dieser Geschichte Daidalion und Chione zu Recht für ihren Hochmut oder ihre frevelhaften Taten bestraft werden, auch wenn wir verstehen, warum Hero und Leander von ihrem Schicksal ereilt werden, hier liegt der Fall anders. Keyx und Alkyone erleiden Kummer, den sie nie und nimmer verdient haben. Dennoch empfinde ich es als tröstlich, dass ihre Güte und ihre Liebe alles überwinden, sogar den Tod.

Es ist eine Sage, es ist ein Märchen, das ist mir wohl bewusst. Für dieses Leben geht das Ende erst einmal so in Ordnung.

PHILEMON UND BAUCIS
Am Ende zählt die Liebe

In den kollektiven Überlieferungen vieler Kulturen findet sich die Geschichte einer großen Flut, die bis auf wenige Ausnahmen die ganze Erdbevölkerung verschlingt und auslöscht. Diese hatte ihren Ursprung in der Verzweiflung ein oder mehrerer Götter angesichts des sich unter der Menschheit ausbreitenden Übels. Sie bestraften die Menschen mit einer Sintflut und verschonten allein jene wenigen tugendhaften Menschen, die sich noch finden ließen, Männer und Frauen von außergewöhnlicher Güte. Ihre Aufgabe würde es nun sein, die Zivilisation wieder aufzubauen, nicht wie sie war, sondern wie sie sein sollte. Die meisten von uns werden zweifellos in diesem Kontext die Geschichte über Noah und seine Arche am besten kennen. Aber ich möchte die Sammlung mit einer Version der großen Sintflut abschließen, wie sie die Griechen und Römer erzählten, denn ich finde, sie ist gleichzeitig eine der schönsten Liebesgeschichten überhaupt. Soweit wir wissen, taucht sie zum ersten Mal im achten Buch der *Metamorphosen* von Ovid auf.

Einst kamen Jupiter und Merkur in das Land Phrygien; sie waren verkleidet als Reisende und baten um Nahrung und Unterkunft. Nun nehmen die griechischen und römischen Götter ja öfter mal eine menschliche Gestalt an, damit sie sich unbemerkt unter den Sterblichen bewegen können. Oft haben sie dabei nichts Gutes im Sinn, und noch öfter geht es ihnen schlicht und einfach um Sex. Dieses Mal aber stand ihnen der Sinn nach etwas ganz anderem. Jupiter und Merkur zogen von Haus zu Haus, klopften einfach nur an die Türen und baten um ein Dach über dem Kopf und etwas zu essen. Heutzutage wären wir zweifellos misstrauisch, wenn Fremde um eine Mahlzeit und ein Bett für die Nacht bitten würden. In der Antike, wie wir sie kennen, oder besser gesagt, wie wir aus den idealisierten Überlieferungen schließen, gab es wenig, was so heilig war wie die Gastfreundschaft. Und doch, so erzählt Ovid, klopften die beiden Götter vergeblich an Tausend Türen, überall wurden sie abgewiesen. Schließlich erreichen sie die ärmliche Hütte eines älteren Ehepaars, Philemon und Baucis. Sie allein bitten die Fremden herein und obwohl sie selbst nur wenig haben, teilen sie alles mit ihnen – Früchte und Nüsse, Honig und Käse, ein sorgsam gehütetes Stück Fleisch, das von einem Balken im Haus herabhängt. Um das Feuer zum Kochen zu entzünden, muss Baucis sogar etwas Stroh aus dem Reetdach ziehen.

Es ist offensichtlich, dass das Alter bei Philemon und Baucis seinen Tribut gefordert hat, obwohl dies Ovid nicht näher erwähnt. Die Hände der alten Dame zittern, als sie den Tisch vorbereitet und eine Tonscherbe unterlegt, weil er wackelt. Als den beiden die Idee kommt, die einzige Gans ihres kleinen Hofes zu fangen und ihren Gästen als Hauptgericht anzubieten, entwischt ihnen der Vogel immer wieder, bis sie irgendwann erschöpft aufgeben. Und obwohl Ovid auch hierzu nicht viel sagt, zumindest nicht zu Beginn seiner Erzählung, so wird es doch deutlich, dass die beiden sich sehr, sehr lieben. Anscheinend kinderlos, haben sie ihr ganzes Eheleben in dieser einfachen Hütte verbracht. Sie sind zusammen alt geworden, haben sich an der Gesellschaft des anderen erfreut und sind trotz ihrer Armut zufriedene Menschen geblieben. Wenn Ovid erzählt, man müsse weder nach Herren noch nach Dienern des Hauses suchen, da Philemon und Baucis ja beides gleichzeitig seien, wirkt das auf uns wie ein Scherz, den die beiden sich schon wiederholt erzählt haben in all den Jahren, die sie in ihrer bescheidenen Hütte verbrachten. Wie oft schon wird Philemon der Liebe zu seiner Gattin Ausdruck verliehen haben, indem er ihr einige Kohlblätter aus dem Garten holte? Wie oft wird Baucis dann daraus einen schmackhaften Eintopf für den Herrn des kleinen Anwesens geschmort haben? Jetzt aber müssen sich die beiden um ihren Besuch kümmern. Ohne langwierige Diskussionen – sie scheinen eigentlich überhaupt kaum miteinander reden zu müssen – tischen die beiden, ganz offensichtlich nicht daran gewöhnt, Gäste zu unterhalten, aber perfekt aufeinander eingespielt, nun das Festessen auf.

Und dann bemerken beide etwas Seltsames: Egal wie viel die Gäste von dem ihnen aufgetischten, recht dünnen Wein tranken, der Krug bleibt immer voll. Und die Erklärung folgt auch gleich darauf: »Götter sind wir«, erklären Jupiter und Merkur – und schon verkünden sie auch ihre Absicht, durch eine Sintflut jeden zu vernichten, bei dem sie abgewiesen wurden. Sie führen Philemon und Baucis zum Gipfel eines Berges, von dem aus sie beobachten können, wie das Wasser steigt und dann wieder zurückweicht. Nur die Hütte von Philemon und Baucis wird verschont, aber vor ihren Augen verwandelt sie sich in einen wundervollen Tempel, das Gebälk wird zu Marmor, der Dachstuhl zu Gold. Philemon und Baucis selbst werden Priester und Priesterin des Tempels – unsterblich werden sie aber nicht. Der bescheidene

Philemon, der bisher nie um etwas gebeten hat, äußert vor den Göttern einen Wunsch:

>>Eure Priester zu sein und euren Tempel zu hüten
wünschen wir uns,
und weil wir die Jahre verlebten in Eintracht,
nehme die selbige Stund' uns fort,
und möchte ich niemals
schauen der Gattin Grab,
noch sie mich selber bestatten!«

Und so kam es dann auch. Eines Tages, als sie vor dem Tempel stehen und auf ihr gemeinsames Leben zurückblicken, werden beide vor den Augen des anderen in Bäume verwandelt. Während Rinde und Astwerk sich noch an ihren Körpern ausbreiten, wünschen sie sich gegenseitig Lebewohl. Aber sie werden nicht getrennt; vor dem Tempel, so erzählt uns Ovid, stehen nun eine Linde und eine Eiche, deren Äste auf ewig miteinander verschlungen sind.

Als mein Mann starb, war meine Trauer unermesslich groß, und nicht ein Tag vergeht, an dem ich mir nicht wünsche, er wäre noch hier an meiner Seite. Aber sosehr ich ihn auch liebte, sosehr wir gegenseitig an unserem Leben teilhatten und so unvorstellbar mir der Gedanke an ein Leben ohne ihn war, ich hätte nie den Weg von Philemon und Baucis gehen können. Denn sie haben sich durch ihre Entscheidung ihren jeweils eigenen Lebensweg beschnitten. Wie groß meine Trauer über seinen Tod auch immer sein mag, ich freue mich stets auch auf das, was jeder neue Tag mir bringen mag. In der Zeit, seitdem mein Mann nicht mehr bei mir ist, konnte ich neue Orte bereisen, konnte schreiben, unterrichten und Vor-

Auch als die Kräfte schwinden, bleibt ihre Liebe stark wie eh und je. Wie kann es jemals ein gutes Ende für eine glückliche Ehe geben?

Arnold Böcklin: »In der Gartenlaube«, um 1891. Öl auf Holz, 99 × 75 cm, Kunsthaus Zürich

träge halten, die Geburt eines Enkelkindes miterleben und drei weitere zu außergewöhnlichen Menschen heranwachsen sehen. Ich bin so vielen wunderbaren Menschen begegnet, die mir so viel Liebe gegeben haben, und deren Leben, wie ich nur hoffen kann, auch ich irgendwie bereichern konnte. Dennoch denke ich hin und wieder daran, was ein kluger und guter alter Freund vor vielen Jahren einmal zu mir gesagt hat: »Für eine gute Ehe kann es kein gutes Ende geben«. Der Mythos von Philemon und Baucis belehrt uns eines Besseren. Ihr Weg allerdings könnte niemals der meine sein.

DANK

Ruth K. Westheimer und Jerome E. Singerman

Es war uns beiden sowohl ein Vergnügen als auch eine große Freude, mit unserer Verlegerin Anja Heyne, Jürgen Welte und Annika Genning zusammenzuarbeiten. Wir danken allen Mitarbeitern der Collection Rolf Heyne an dieser Stelle ganz herzlich, können aber unserer Dankbarkeit niemals genug Ausdruck verleihen.

Ruth K. Westheimer

Im Gedenken an meine gesamte Familie, die während des Holocausts ermordet wurde. Dieses Buch ist außerdem zum Andenken an meinen verstorbenen Ehemann Fred, der mich stets unterstützt hat. Dank an meine Familie, meine Tochter Miriam und meinen Schwiegersohn Joel Einleger mit den Kindern Ari und Leora, meinen Sohn Joel Westheimer und meine Schwiegertochter Barbara Leckie mit ihren Kindern Michal und Benjamin. Ich habe die besten Enkelkinder der ganzen Welt!
Ich danke Jerome E. Singerman, Ph. D., ohne dessen Kenntnisse, Erfahrungen und Freundschaft dieses Buch nicht hätte entstehen können. Danke, vielen Dank. Dank

gebührt auch Jerrys Frau, Liliane Weissberg, dass ich ihn mir »ausleihen« durfte. Ganz besonderer Dank geht an Pierre Lehu, meinen verlässlichen »Kommunikationsminister« der vergangenen 30 Jahre.

Dank geht an all die Familienmitglieder und Freunde, die mein Leben bereichern. Ich bräuchte ein Kapitel, um sie alle aufzulisten, ein paar aber müssen genannt werden: David Best, Chuck Blazer, Amos Grunebaum, David Hryck, Rabbi und Mrs. Barry Katz, Bonnie Kaye, Marga und Bill Kunreuther, Steve Lassonde, Matthew und Vivan Lazar, Rabbi und Mrs. William Lebeau, Rabbi und Mrs. James Ponet, Cliff Rubin, Daniel Schwartz, Joanne Seminara, Dr. und Mrs. William Sledge sowie Jeffrey Tabak.

Jerome E. Singerman

Danke an Ruth K. Westheimer, der begeisterungsfähigsten, beharrlichsten und gründlichsten Koautorin und allerbesten Freundin. Ohne sie gäbe es dieses Buch nicht. Dank auch an meine Mutter, eine Frau, deren gute Laune und Optimismus ich wohl nicht geerbt habe, und an meinen verstorbenen Vater, der mir im Gegenzug wahrscheinlich sein Temperament vererbt hat. An meinen Bruder, der früher als ich in die Familie kam, und an Irving Kittay, der Jahrzehnte später folgte.

Dies ist außerdem zum Andenken an Roman und Ulla Weissberg, die, wie ich hoffe, hieran sehr viel Freude gehabt hätten. Und danke natürlich an Liliane, die mir jeden Tag aufs Neue zeigt, dass Liebe kein Mythos ist.

BILDNACHWEIS

Der Verlag dankt allen, die Bilder und Texte zur Verfügung gestellt haben, für die freundliche Genehmigung zum Abdruck. Sollte trotz intensiver Recherche ein Urheber nicht genannt sein, bitten wir um Nachricht beim Verlag.

S. 9: Lucas Cranach der Ältere: »Das Urteil des Paris«, 1528. Öl auf Lindenholz, 86,5 x 65 cm. Basel, Öffentliche Kunstsammlung © picture alliance

S. 17: Mark Rothko: ohne Titel, Skizze zu »Teiresias«. Bleistift und Farbstifte auf Pauspapier, 35,1 x 21,6 cm. Anonyme Leihgabe. © picture alliance, K. Rothko-Prizel und C. Rothko, VG Bild-Kunst, Bonn 2010

S. 23: Pierre Narcisse Guérin: »Phädra«, 1815. Öl auf Leinwand, 130 x 174 cm. Paris, Louvre. © picture alliance

S. 33: Giuseppe Maria Crespi: »Amor und Psyche«, 1707–1709. Öl auf Leinwand, 214 x 133 cm. Florenz, Galleria degli Uffizi. © picture alliance

S. 43: Correggio: »Leda und der Schwan«, um 1531. 156,2 x 195,3 cm, Öl auf Leinwand. Berlin, Gemäldegalerie. © picture alliance

S. 51: Anselm Feuerbach: »Das Urteil des Paris«, 1869. Öl auf Leinwand, 228 x 443 cm. Hamburg, Kunsthalle. © picture alliance

S. 63: »Laodamia blickt dem Schiff ihres Gatten Protesilas nach«, 16. Jahrhundert. Illustration zu den *Heroides* in der Übersetzung von Octavien de Saint-Gelais. Paris, Bibliothèque Nationale. © picture alliance

S. 71: Bartholomäus Spranger: »Salmacis und Hermaphrodit«, 1581. Öl auf Leinwand, 110 x 81 cm. Wien, Kunsthistorisches Museum. © picture alliance

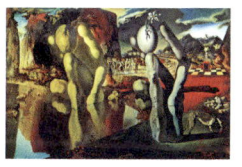

S. 79: Salvador Dalí: »Metamorphose des Narziß«, um 1937. Öl auf Leinwand, 50,8 x 78,2 cm. Tate Gallery, London. © picture alliance, Salvador Dalí, VG Bild-Kunst Bonn 2010

S. 87: Billy Wilder: »Manche mögen's heiß«, Filmstill aus dem Film von 1959 mit Jack Lemmon, als Frau verkleidet, und Marilyn Monroe. © picture alliance

S. 95: Tizian, eigentl. Tiziano Vecelli(o). »Danaë«, 1553. Öl auf Leinwand, 129 x 180 cm. Madrid, Museo del Prado. © picture alliance

S. 103: Gustave Moreau: »Pasiphaé. Grisaille«, zweite Hälfte des 19. Jahrhunderts, Öl auf Leinwand, 40 x 40 cm, Paris, Musée Gustave Moreau. © bpk – Bildagentur für Kunst, Kultur und Geschichte (R.-G. Ojéda)

S. 109: Tizian, eigentl. Tiziano Vecelli(o). »Bacchus und Ariadne«, um 1522. Öl auf Leinwand, 175 x 190 cm. London, National Gallery. © picture alliance

S. 123: Giovanni Francesco Barbieri Guercino: »Didos Tod«, um 1631. Öl auf Leinwand, Rom, Galleria Spada. © picture alliance

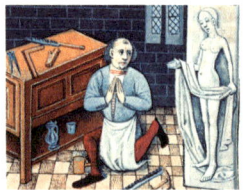

S. 131: Illustration zu dem altfranzösischen Versroman »Roman de la Rose« von Guillaume de Lorris und Jean de Meung, 1352. Paris, Bibliothèque Nationale. © picture alliance

S. 137: Crispin de Passe der Ältere: »Äolus«, 1610. Kupferstich, spätere Kolorierung. Aus einer Folge von Darstellungen mythologischer Gestalten. © picture alliance

S. 147: Marcantonio Franceschini: »Die Geburt des Adonis«, um 1700. Ausschnitt, Öl auf Kupfer. Staatliche Kunstsammlungen, Dresden. © bpk – Bildagentur für Kunst, Kultur und Geschichte (E. Estel, H-P. Klut)

S. 157: Peter Paul Rubens: »Venus und Adonis«, um 1630. Öl auf Leinwand, 197,5 x 242,9 cm. Metropolitan Museum of Art, New York. © picture alliance

S. 165: Hans Leonhard Schäufelein: »Pyramus und Thisbe«, um 1510. Holzschnitt, 22,9 x 15,3 cm. München, Staatliche Grafische Sammlung. © picture alliance

S. 171: Karl Theodor von Piloty: »Hero und Leander«, um 1859. Öl auf Leinwand, 81,5 x 54,5 cm. Köln, LETTER-Stiftung. © picture alliance

S. 181: Alexandre Séon: »Wehklage des Orpheus«, 1896. Öl auf Leinwand, 73 x 116 cm. Paris, Musée d'Orsay. © picture alliance

 S. 191: »Herkules bringt Alkestis zurück zu ihrem Gatten«. Fresko, o. J. Rom, Hypogäum Via Latina, Katakomben. © bpk – Bildagentur für Kunst, Kultur und Geschichte (Scala)

 S. 199: Andreas Nesselthaler: »Cephalus und Procris«, o. J. Öl auf Leinwand, 120 x 85 cm. Salzburg, Residenzgalerie. © picture alliance

 S. 209: Paulus Bor: »Kydippe mit dem Apfel des Akontius«, um 1640. Öl auf Leinwand, 151 x 114 cm. Amsterdam, Rijksmuseum. © picture alliance

 S. 219: William Turner: »Der Schiffbruch«, um 1800. Öl auf Leinwand, 170,5 x 241,5 cm. London, Tate Gallery. © picture alliance

 S. 229: Arnold Böcklin: »In der Gartenlaube«, um 1891. Öl auf Holz, 99 x 75 cm, Kunsthaus Zürich. © picture alliance

TEXTNACHWEIS

Cantarella, Eva: *Bisexuality in the Ancient World*. Yale University Press 1994

Euripides: *Alkestis*. Übersetzt von J. A. Hartung (1848 ff.). Zitiert nach »Projekt Gutenberg«

Euripides: *Hippolytos*. Übersetzt von J. A. Hartung (1848 ff.). Zitiert nach »Projekt Gutenberg«

Homer: *Ilias*. Übersetzt von J. H. Voß (1821). Zitiert nach »Projekt Gutenberg«

N. O. Body: *Aus eines Mannes Mädchenjahren*. H. Simon (Hg.), Ed. Hentrich 1993

Ovid: *Ovids Werke*. Übersetzt von R. Suchier, E. Klussmann, A. Berg (1855–1919). Zitiert nach »Projekt Gutenberg«

IMPRESSUM

www.collection-rolf-heyne.de

1. Auflage 2010

Copyright © 2010 Collection Rolf Heyne GmbH &
Co. KG, München
Aus dem amerikanischen Englisch übersetzt von
Jutta Deutmarg und Claudia Theis-Passaro

Lithografie: Lorenz & Zeller, Inning am Ammersee

Druck und Bindung: Kösel, Altusried-Krugzell

Printed in Germany

ISBN 978-3-89910-470-7